동방 가톨릭교회

동방 가톨릭교회

발행일 2014. 2. 6

글쓴이 한나 알안 | **옮긴이** 한동일
펴낸이 서영주 | **펴낸곳** 성바오로
총편집 한기철
외주협력 나이테미디어
제작 김안순 | **마케팅** 김용석 | **인쇄** (주)재원프린팅
출판등록 7-93호 1992.10. 6
주소 서울 강북구 오현로 7길 20(미아동)
교회인가 서울대교구 2014년 1월 7일
SSP 984

취급처 성바오로 보급소 | **전화** 02) 944-8300, 02) 986-1361
팩스 02) 986-1365 | **통신판매** 02) 945-2972
E-mail bookclub@paolo.net
http://www.paolo.net

값 5,000
ISBN 978-89-8015-832-4

이 도서의 국립중앙도서관 출판시도서목록(CIP)은 서지정보유통지원시스템
홈페이지(http://seoji.nl.go.kr)와 국가자료공동목록시스템(http://www.nl.go.kr/kolisnet)
에서 이용하실 수 있습니다. (CIP제어번호 : CIP2014002639)

> 이 책은 저작권법의 보호를 받으므로 무단전재와 무단복제를 금합니다.
> 이 책 내용의 전부 또는 일부를 재사용하려면 반드시 저작권자와 성바오로출판사의
> 동의를 얻어야 합니다.

동방 가톨릭 교회

한나 알안 지음 | 한동일 옮김

Mgr. Hanna ALWAN
Vicaire Patriarcal pour les Affaires Juridiques

Modérateur Général de la Justice
dans l'Eglise Maronite
Bkerké - Liban

المطران حنا علوان
النائـــب البطريركي للشؤوت القضائية والقانونية

والمشرف العام على توزيع العدالة
في الكنيسة المارونية
بكركي - لبنان

Delega per la traduzione del proprio articolo a tutela del diritto d'autore

A chi di diritto

Il sottoscritto Mons. Hanna ALWAN, nato a Aytou in Libano il 20 settembre 1954, con la presente delega il Rev. HAN Tong Ill, nato a Seul (Corea del Sud) il 15 agosto 1970, per tradurre in lingua coreana il suo articolo intitolato: *"Identità e Missione delle Chiese Orientali"* e di pubblicare la sua traduzione concedendogli i relativi diritti d'autore sulla detta versione coreana.

In fede

Bkerke, lì 12 gennaio 2014

+ Hanna ALWAN, M.L.
Vicario Patriarcale Maronita
Per gli affari giuridici e legali

contents

머리말

동방 가톨릭교회에 대하여

1 동방교회의 사명

1. 개요 _23
2. 동방정교회와 동방 가톨릭교회 _26
3. 예법(전례), 예법 교회, 자치 교회 Chiesa sui iuris _32
4. 자치 교회의 개별적 독자성 _34
   1) 가톨릭과 동방 _35
   2) 고유 예법(전례)과 유산 _37
   3) 범주 _40
5. 동방교회의 구조와 통치방식인 시노드 _44
6. 특징과 특이성 _47
   1) 보편법과 개별법 _48
   2) 고유 용어 _53
   3) 고유 전례와 성사 규율 _54
   4) 성직자의 규율과 성품 _56
   5) 사법 통치 _59

2 동방교회의 사명

1. 스스로 자신의 유산에 대한 자기보존과 보호 _67
   1) 두 가지 잘못된 현상 _67
   2) 교회의 올바른 응답 _70
   3) 가치를 준수해야 할 근본 원칙 _72
   4) 수반되는 법률적 관례 _75
2. 보편교회의 일치와 친교의 증거 _87
3. 일치 차원에서 증거 _90
4. 비신자들의 대화 차원의 증거 _93

3 결론 : 현대 세계의 도전과 해결책 _97

머리말

대교황의 이미지를 지닌 요한 바오로 2세는 그리스도의 같은 신비체인 라틴교회와 동방 교회의 긴밀한 관계를 "하나의 성령으로 결합된 보편교회는 동방과 서방이라는 두 개의 허파를 가진 것처럼 숨 쉬어야 하며, 심장이 두 개의 심실로 구성되는 것처럼 하나의 심장으로 그리스도의 사랑을 태워야 한다."[1]고 하였다.

요한 바오로 2세가 비유한 한 몸에 있는 두 개의 허파와 심장에 있는 두 개의 심실은 제2차 바티칸공의회 교부들

---

1) 1990년 10월 18일 교황령 「거룩한 규율 Sacri canones」, "거룩한 규율인 동방교회들의 교회법전이 반포된다.(Sacri canones qua Codex Canonum Ecclesiarum Orientalium promulgatur.)": AAS 82(1990), p.1037

의 정신을 분명하게 해석한 것이다. 또한 교회의 사도적 전통 유산인 동방교회의 보호와 보존을 권고한 것이다.

"존경스러운 그 오랜 교회에서는 사도들로부터 교부들을 통하여 내려온 전통이 빛나고 있다. 그 전통은 하느님께서 계시하신 나뉠 수 없는 보편교회의 유산의 일부를 이루고 있다."(「동방 가톨릭교회들에 관한 교령 Orientalium Ecclesiarum」 1항)

공의회는 동방교회를 2천 년간 이 같은 전통의 살아 있는 전달자이자 증인으로 간주하며, 살아 있는 증인의 사명을 계속 수행할 수 있도록 동방교회의 보호를 독려한다.

이러한 것은 여러 교황의 가르침에서 다루어지고 있으며 특히 레오 13세의 「동방교회의 존엄성 Orientalium dignitas」에서 더 잘 드러나고 있다. 이 교서의 반포 백 주년(1894년 11월 30일 반포) 기념에서 요한 바오로 2세는 자신의 교서에서 선임 교황의 교서 「동방의 빛 Orientale Lumen」을 인용했다. "교황과 함께 이 보화를 충분히 인지하고, 단지 전통만이 아니라 상대편을 반대하는 공동체도 아님을 명시한다. 또한 동방교회의 가톨릭성에 대한 온전한 표명을 교회와 세상에 되돌려 주기 위한 열정을 느끼게 하려는 것이다. 아울러 우리에게도 보편교회에 대한 나뉠 수 없는 신적 계시의 유산을 충분히 만끽하도록 허락되었기 때문에"(「동방의 빛」 1항)라고 하며 라틴전통의 고위 성직자와 평신도를 초대한다.

그리스도교의 보편성은 여러 방법으로 표명된 신적 의지와 당신의 지상 생활 동안 보여주신 주님의 가르침, 그리고 오순절 날 당신의 가르침을 행동으로 옮기도록 독려했으며 "신자들의 공동체는 한마음 한뜻이 되었을"(사도 4,32) 때 부활하신 주님 안에서 같은 신앙을 가지며, 사도들과 일치 안에서 증언과 말뿐 아니라 스승의 본보기에 대한 피와 삶을 남겨놓으셨다.

가톨릭교회의 새 주교들을 위한 이번 모임에서 '동방교회의 정체성과 사명'에 관한 수업을 하는 것은 동방전통과 서방 라틴전통을 열린 마음으로 인식할 필요가 있기 때문이다. 또한 이 수업의 목적은 공의회나 교회 교도권의 의지와 관련된 것이 아니며 다만 역사적 변천과 인구 이동, 이민 등으로 인구의 변동이 생기고 이로 인해 새로운 문제와 특수 상황이 제기되어 이에 따른 사목적 해결이 요구되기 때문이다.

이 임무는 교회의 교계제도에, 특히 자기 교구 안에 공존하는 기존 가톨릭교회 신자들과 다른 지역에서 편입된 예법이 다른 신자들에 대한 책임을 지닌 주교들에게 매우 민감한 문제이며, 이것이 자신의 관할권 내에서 원활하게 제공되지 못한다면 더욱 민감한 사안이 될 것이다.

제2차 바티칸공의회는 각각의 다양한 전통인 동방교회의 전례와 영성과 역사, 신학과 규율의 유산에 대한 풍요함을 예찬한 뒤에 보편교회의 영적 보화인 이 같은 유산을 보호하고자 하는 교회의 확고한 의지를 선언했다. "가톨릭교회는 개별 교회나 예법의 전통을 각기 온전하게 보존하면서도 자신의 생활양식을 시대와 장소의 다양한 요청에 적응시켜 나가고자 한다."(「동방 가톨릭교회들에 관한 교령」 2항)

이 같은 교회 전통과 예법의 다양성은 공의회 교부들에 의해 교회 일치를 훼손시키는 것이 아니라 오히려 오순절 날 성령의 인도로 신적 의지에 따른 제도화된 보편성을 표명하는 것으로 증명된다.

우리는 이 책에서 동방 가톨릭교회 출현의 역사적 여정과 로마교회와 일치 관계를 조명하고 동방교회의 특수성, 동방교회의 개별 예법과 자치sui iuris 교회, 동방교회의 다양한 범주와 유산, 동방교회의 교계 구조와 통치 방법인 시노드 등을 강조하고자 한다. 또한 이 교회들의 정체성에 관해 자주 제기되는 용어와 특수 고유법과 성사규율 등도 설명할 것이다.

우선 동방교회의 특별한 사명에 대해, 그다음은 고유한 가치와 유산에 대한 자기보존과 보호에 관해 다룰 것이다. 마지막으로 다른 교회에 대한 동방교회의 사명인 다른 가톨릭교회와 비가톨릭 교회, 타종교와 종교 간 대화에 대해서도 다룰 것이다.

동방 가톨릭교회에 대하여

한동일

한국 사회에서 동방교회라고 하면 대부분 동방정교회를 떠올린다. 그러나 로마 가톨릭교회 안에는 라틴 예법의 로마 가톨릭교회와 다양한 동방 예법으로 구성된 동방 가톨릭교회가 존재한다. 이 두 교회는 베드로의 후계자이자 보편교회의 수위권과 주교단의 으뜸이며, 그리스도의 대리이자 세상 보편교회의 목자인 교황과 온전히 일치해 있다.

그러면 우리는 왜 동방교회라고 하면 '정교회'를 떠올리는 것일까? 그것은 우리의 세계사 교육과 교회사 교육 때문인 것 같다. 역사적으로 1054년 동방과 서방교회가 서로를 단죄하고 파문하면서, 동서양의 교회가 나누어졌다. 이 과정에서 동방교회는 자신을 '똑바른ortos 생각doksa'이라는 의미에서 정교회Chiesa ortodossa라고 부르기 시작했다. 물론 정통ortodossa이라는 말은 초기 일곱 차례의 세계 공의회에서 모든 그리스도인에게 유보된 명칭이다.

16세기 중엽에 총대주교좌 소속의 일부 동방정교회가 동방 가톨릭교회 편입을 결의하면서 로마 가톨릭교회와 온전히 일치하게 된다. 이 과정에서 라틴교회와 친교를 이룬 교회는 로마교회와 일치하지 않는 비슷한 정교회와 구분하기 위해 가톨릭이라는 용어를 첨가해 동방 가톨릭교회라고 부르기 시작했다. 동방 가톨릭교회라고 부른 이유는 먼저 고대 총대주교 모교회 네 곳이 지역적으로 로마를 중심으로 동쪽에 자리 잡고 있었기 때문에 동방이라고 불렀다. 후기 로마 시대 행정구역도를 보면 훨씬 이해하기가 쉬울 것이다.

후기 로마 시대 행정구역 지도에 나타나는 동서를 구분하는 굵은 점선은 비잔틴으로 대표되는 그리스문화와 이

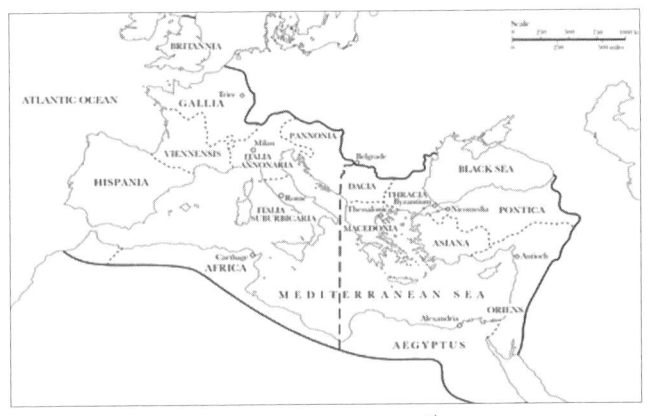

후기 로마 시대 행정구역[2]

탈리아 반도를 중심으로 한 라틴문화를 구분하는 기준이었다. 정치적으로는 동로마와 서로마, 언어적으로는 그리스어를 사용하는 지역과 라틴어를 사용하는 지역으로 구분되었다. 그러나 비잔틴으로 대표되는 그리스문화와 이탈리아 반도를 중심으로 한 라틴문화는 그리스어와 라틴어라는 언어적 차이만큼이나 문화적·종교적으로 차이가 컸다. 그들은 서로에 대한 문화적·종교적 경쟁과 우월감을 가지고 있었다.(한동일, 같은 책, 173-174쪽)

---

[2] P. Stein, *Roman law in European history*, Cambridge, 2009, p.1; 한동일, 「유럽법의 기원」, 문예림, 2013년 173쪽.

이런 이유로 굵은 점선을 기준으로 왼쪽을 서방교회, 라틴교회라고 불렀고, 오른쪽을 동방교회라고 부르게 되었다. 반면 가톨릭이라는 부가형용사는 동방교회지만, 베드로의 후계자와 온전한 일치에서 기인한 것으로 보편교회의 수위권과 주교단의 으뜸이요 그리스도의 대리이며, 보편교회의 목자로서 교황을 인정한다는 의미에서 붙인 것이다.

고대 총대주교 모교회가 있었던 이 지역은 예법에 따라 크게 다섯 전례로 알려졌는데 알렉산드리아, 안티오키아, 아르메니아, 칼데아와 콘스탄티노플 또는 비잔틴 전통에서 유래했다. 이 예법에 속하는 교회를 구분하면 다음과 같다.(한동일, "교회의 공법과 기본법을 통해 조명해 본 수도회법의 정신", 「사목연구」, 가톨릭대학교 사목연구소, 제31집, 173쪽)

라틴교회는 이들 예법의 교회에 대해 그리스도교의 모체로서 "동방교회들의 제도, 전례 예법, 교회 전통, 그리스도교 생활 규범 등을 가톨릭교회는 존중한다. 존경스러운 그 오랜 교회에서는 사도들로부터 교부들을 통하여 내려온 전통이 빛나고 있다. 그 전통은 하느님께서 계시하신

보편교회(가톨릭교회)		
라틴 예법 (라틴교회, 로마 가톨릭교회, 서방교회)	동방 예법(모교회, 동방 가톨릭교회, 동방교회)	
	알렉산드리아 전례	콥트 교회(이집트 교회, 총대교구)와 에티오피아 교회
	안티오키아 전례	말란카르, 마로니타(총대교구), 시리아(총대교구) 교회
	콘스탄티노플 또는 비잔틴 전례	알바니아, 벨로루시, 불가리아, 그리스, 헝가리, 멜키트(총대교구), 루마니아, 러시아, 루테니아, 슬로베니아, 우크라이나, 구 유고슬라비아 교회
	아르메니아 전례	아르메니아 교회(총대교구)
	칼데아 전례	칼데아 교회(총대교구)와 시리아-말란바르(인도 서남부 해안 지방) 교회

가를 수 없는 보편교회의 유산의 일부를 이루고 있다. 그러므로 이 전통의 살아 있는 증인들인 동방교회에 관심을 가진 이 거룩한 세계 공의회는 그 교회들이 번영하여 새로운 사도적 활력으로 맡겨진 임무를 완수하기를 바란다."(동방 가톨릭교회들에 관한 교령」 1항) 우리가 속한 라틴

예법의 서방교회는 동방교회에서 전례와 영성과 교회법, 교회 전통과 수도생활을 수용하고 발전시켰기에 동방교회를 모교회로 존중하는 것이다.

이런 역사적 전통과 기원, 로마 가톨릭교회와 온전한 일치로 라틴교회는 고유한 전통과 전례, 규율과 교계제도로 구별되는 동방교회를 묘사하기 위해 자치 교회Chiesa sui iuris라는 용어를 고안했다. 자치 교회란 명칭이 동방교회에 적용된 것은 다른 교회에 구조적으로 의존하지 않으면서 고유의 규율과 전례, 신학과 문화적 유산으로 자신의 교계제도 권위에 따라 운영되는 교회를 교회법적으로 의미하기 위함이다.

그렇다면 자치 정도가 어느 수준까지 이르는 것일까? 자치 교회의 총대교구 교회와 관구 대교구에서 주교 선출은 자치 교회 지역 내에서는 주교대의원회의가 직접 선출하고, 이들 지역 밖의 주교를 선출하는 것은 주교대의원회의가 3명의 후보를 제출하면 그 가운데서 주교를 임명하는 것은 사도좌 소관이다. 그래서 이들 교회를 자치 교회라고 부른다. 우리와 같은 라틴교회에서는 주교 서임권이

없기 때문이다.

가령 1054년 대 교회분리 시대에도 동방교회 가운데 유일하게 로마 교황의 수위권을 인정하고 정교회에 가입하지 않아 로마 교황청에서 특별 예우를 받고 있는 마로니타 교회의 경우, 총대주교의 직접적인 영향 아래 있는 레바논은 주교대의원회의가 주교들을 서임한다. 마로니타 교회라 하더라도 미국 등 외국에 있는 교회는 라틴교회와 마찬가지로 주교대의원회의가 3명의 후보를 제출하면 그 가운데 동방교회를 위한 심의회에서 적임자를 선출하고, 교황은 이를 최종적으로 추인한다.

이렇게 선출된 주교 후보자는 레바논에 있는 총대주교좌 성당에서 주교 서품식을 갖고, 본국으로 돌아가 첫 미사를 봉헌한다.

한편 자치 교회라는 개념이 형성되기 전에 공포된 1983년 교회법전 제111, 112, 535조의 예법 교회Chiesa rituale는 자치 교회Chiesa sui iuris라는 명칭으로 대체되어야 하고, 현재 그러한 작업이 교회법 해석평의회에서 준비 중이다.

오늘날 교회의 모체인 동방교회가 처한 현실은 이슬람

의 확장과 오랜 박해로 중동 지역에서 소수종교 차원으로 몰락했으며, 그나마 얼마 남지 않은 교세조차도 이민으로 더욱 황폐해지고 있다. 이 때문에 로마 가톨릭교회는 교회의 유산인 동방 가톨릭교회를 보호하기 위해 더 큰 관심과 지지를 표명하고 있다. 특히 교황청은 전 세계적 현상인 이주와 이민으로 발생하는 신자들의 신앙생활에 커다란 우려를 나타내고 있다. 그 때문에 라틴 예법의 교회로 이주한 동방교회 신자들을 위한 사목적 배려는 지역 교구장 주교의 중요한 사목 가운데 하나임을 천명하면서, 동방교회 신자들이 라틴교회화하지 않도록 적절한 사목 대책을 강구할 것을 권고한다. 아울러 자기 교구 내에서 다른 예법의 신자들을 사목적으로 돌보아야 하는 주교는 동방교회 신자들의 상태와 필요에 대해 사도좌에 5년마다 보고서를 제출해야 한다.

이런 맥락에서 이 책은 사도좌 대법원 로타 로마나의 대법관이자 마로니타 교회 사법 총괄 주교인 한나 알완 Hanna Alwan 훈육주교가 새 주교 교육에서 주교들을 상대로 강연한 내용이다. 동방교회에 대한 인식이 아시아 교회, 특히 한국 교회에 더 잘 알려지기를 바라는 알안 주교의 바람에 따라 우리말로 옮기게 되었다.

 부족한 번역이지만 강연 내용을 통해 동방교회에 대한 역사와 인식이 우리 한국 교회에서 조금이나마 개선되기를 바란다. 특히 교회법 연구자들이 읽는다면 더욱더 유익할 것이다.

끝으로 이 책의 출판을 도와주신 이용한 네레오, 정경옥 아가다 부부께 감사의 인사를 전한다.

1

동방교회의 정체성

1. 개요

 동방 가톨릭교회의 정체성에 대한 본질적 요소를 기술하려면 동방교회의 출현과 발전에 관한 역사와 몇몇 명칭의 특정한 의미를 정확히 살펴보아야 한다.

 교회는 사도시대와 초대교회 때부터 신학적 의문과 교회 문제, 논쟁이 되는 규율을 해결하기 위해 시노드 방식을 채택해 왔다. 시노드는 주님 교회의 운영과 통치를 위해 교회의 신앙교리를 결정하고, 교회 설립과 제도를 형성하는 성령의 도구로 이해되었다.

제1차 예루살렘 공의회는 이스카리옷 유다의 자리를 대신할 사도를 선택하기 위한 모임이었으며 이 모임에서 마티아를 사도로 뽑았다.(사도 1,15-26 참조)

제2차 예루살렘 공의회는 교의 내용과 규율에 대한 문제를 해결하기 위해 개최된 것으로 진정한 의미에서 첫 공의회라고 할 수 있다. 이 공의회는 이방인들에게 그리스도 교회를 개방하고, 뒤이어 유다 개종자들과 이방인들에게 할례와 모세의 율법준수라는 멍에를 벗겨 주었고, 구원의 보편성을 확인하고 온전하게 교회의 일원이 될 수 있도록 결정했다.

사도 시대 이후, 초세기 교회는 박해와 어려움 속에서도 개별 책임이 있는 교회들인 지역 구조 공동체와 '에파르키아Eparchia'[3] 또는 교구로 조직화하였다. 재치권을 가진 사제와 주교들은 당대의 행정당국과 황제의 정치 구

---

[3] 에파르키아란 그리스어 ἐπαρχία가 라틴어화한 것으로 로마 시대 행정구역을 의미하는 단어다. 이것이 동방교회에서는 총대주교 관하의 동방교회 주교가 통치하는 교구를 '에파르키아'라고 부른다. 따라서 에파르키아란 라틴교회의 교구와 같은 개념이다. 그런데 여기에서는 라틴교회의 교구라는 명칭과 구분하기 위해 원어 그대로 에파르키아라고 하였다—옮긴이.

조에 상응하는 지역구분으로 경계를 정하여 정착하며 확산되었다. 이런 구조에서 다섯 개의 총대교구(총대주교좌 Patriarcati)라는 광대 영역의 에파르키아가 형성되었고, 그 가운데 으뜸은 주교들의 우두머리이자 베드로의 후계자, 사도단과 주교단의 으뜸인 로마의 총대주교였다.

초세기에 선포되고 퍼져나간 교회는 이단이 출현하고, 4세기 신학적 격론과 논쟁이 나타났을 때 이전 사도들이 채택한 시노드 방식을 적용했다. 당시 모든 총대교구의 주교단은 로마의 주교이자 베드로의 후계자인 교황이 참석하여 교황의 인도로 항상 신학적 문제를 논의하고 올바른 신앙을 결정하고 이단을 단죄하면서 교회의 공동 신앙 고백을 만들기 위한 세계 공의회를 개최하였다.[4] 공의회들은 교의와 정통ortodossa 신앙에 대한 올바른 문헌을 제

---

[4] "동방의 교회들이 처음부터 간직하고 있는 보화들 가운데서 서방의 교회가 전례, 영성전통, 법질서에 많은 것을 받아들였다는 사실을 지나쳐 버려서는 안 된다. 그리고 삼위일체 교리, 동정 마리아에게서 사람이 되신 하느님의 말씀에 대한 그리스도교 신앙의 기본 교리가 동방에서 개최된 세계 공의회들에서 결정되었다는 사실도 무시할 수 없다. 이러한 신앙을 보존하려고 그 교회들은 많은 고통을 겪어왔고 또 겪고 있다."(「일치교령」 14항)

정하고 그와 반대되는 이단의 신학을 단죄했다.

신자들은 '정통파gli ortodossi'라고 불리는 공의회의 가르침을 받아들였으며, 올바른 신앙의 그리스도인들은 공의회가 확인한 사도들의 신앙을 원래대로 보존했다. 반면 '이단자들'이라고 불리는 이교를 지지하는 사람들은 공의회의 결정을 받아들이지 않고, 자신들의 의견을 포기하지 않고 정설Ortodossa에서 떨어져 나갔다.

이런 방식으로 이미 초세기에 정통이 아닌 몇몇 교회가 생겨났다. 사실 정통ortodossa이라는 말은 초창기 일곱 번의 세계 공의회에서 모든 그리스도인에게 내려진 명칭이기도 하다.

2. 동방정교회와 동방 가톨릭교회

1054년 동방과 서방의 대 교회분리scisma 시대에 교황 레오 9세와 총대주교 미켈레 첼루라리오 1세는 서로를 파문하였다. 이러한 교회분리는 서방과 동방이라는 두 세계 사이에서 지역적으로 나누어진 교회를 점점 독자적 형태로 유지되게 하는 결과를 가져왔다.

그래서 단수로 정교회Chiesa ortodossa라고 부르는 동방교회와 구분하기 위해 로마교회, 라틴교회 또는 가톨릭교회라고 불렀다.

서로에 대한 파문으로 양쪽은 서로 이교Chiesa scismatica[5]라는 명칭을 붙였다. 그래서 정통이라는 보통명사는 과거의 이단 교회를 포함해 신앙과 상관없이 단지 동쪽에 있다는 사실만으로 로마와 일치하지 않는 동방의 모든 교회를 칭하여 왔던 것이다.

1054년 대 교회분리 시대에 동방에는 초세기에 이미 상이한 언어와 전례와 규율과 문화로 구성된 네 개의 총대교구(총대주교좌)가 여전히 존재했다. 네 곳의 총대교구는 다음과 같다. 비잔틴 전례와 그리스어를 채택한 '비잔틴교회', 안티오키아 전례와 시리아어를 채택한 '안티오키아 교회'[말란카르, 마로니타(총대주교좌), 시리아(총대주

---

5) 이교란 교황에게 대한 순종 또는 그에게 종속하는 교회의 구성원들과의 친교를 거부하는 것이다-옮긴이.(교회법 제751조)

교좌) 교회-옮긴이], 고유 예법과 언어, 전례와 전통을 간직한 예루살렘 교회와 '알렉산드리아 교회'[콥트 교회(이집트 교회, 총대주교좌)와 에티오피아 교회-옮긴이]다. 아울러 총대교구에 포함되지 않는 다른 교회들인 러시아 교회와 비잔틴 모교회와 아르메니아 교회를 더해야 한다.

16세기 중엽에 총대주교좌 소속 동방정교회의 일부가 동방 가톨릭교회 편입을 결의하면서 로마 가톨릭교회와 일치하게 되었다.

당시는 오늘날처럼 '라틴교회와 온전한 친교를 이룬 교회들', '라틴교회와 합친 교회들', '병합된 교회들Chiese Uniate'[6]이라고 부르지 않았다. 물론 '병합된 교회들'이라는 표현은 부정적 의미를 지니고 있다.

라틴교회와 온전한 친교를 이룬 교회들은 로마교회와

---

[6] 병합Uniate이라는 용어는 정교회가 로마와 일치한 교회를 가리켜 부정적 의미로 사용했다. 정교회는 당연히 정교회의 일부가 로마와 일치하는 것을 받아들이지 않았다. 반면에 자신의 고유한 구조를 간직한 자치 교회autocefala와 같은 것이 존재한다. '병합'이라는 용어는 동방정교회에서 분리해 로마 교황의 재치권에 편입하려는 정교회 일부를 '변직, 기형anomalia'이라는 의미로 사용되었다.

일치하지 않는 비슷한 정교회와 구분하기 위해 '가톨릭'이라는 형용사를 취한 반면 정통ortodossa이라는 명칭은 생략했다. 그런 교회는 1553년에 편입된 칼데아 교회[7]와 1724년 안티오키아 멜키트 가톨릭교회[8], 1742년 아르메니아 가톨릭교회[9]와 1783년 시리아(시로) 안티오키아 가톨릭교회[10], 1824년 콥트 가톨릭교회[11] 등을 들 수 있다.

이 교회들에 더불어 1054년 이교를 지지하지 않은 마로니타 교회는 늘 로마교회와 온전한 친교를 이루고 있었고 일치로 돌아온 교회들에는 속하지 않았다. 그 때문에 모

---

[7] 로마가 승인한 초대 칼데아 총대주교는 조반니 술라콰Giovaani Sulaqa이며, 그는 1553년 4월 20일 칼데아 총대주교로서 추기경 회의에서 인준되었고 시메오네 8세라는 이름을 가졌다. Cf. Sacra Congregazione per la Chiesa Orientale, Oriente cattolico. Cenni storici e statistiche, Città del Vaticano 1962, p.363.

[8] 안티오키아 멜키트 가톨릭교회의 총대주교 계승은 총대주교 치릴로 6세(1724-1759)에 시작하여 오늘날까지 중단 없이 이어지고 있다. Cf. Oriente cattolico, o.c., p.252.

[9] 아르메니아 왕국의 칠리치아(터키 남부)에 대한 가톨릭 총대주교좌는 1740년 3월 26일로 거슬러 올라간다. 알레포Aleppo의 가톨릭 주교 Abraham Ardzivean이 시스(Sis, 자치 교회)의 수장으로 선출되었으며, 로마에 와서 1742년 11월 26일 추기경 회의에서 베네딕토 14세에 의해 인준되었다. Cf. Oriente cattolico, o.c., p.396.

[10] 2천 년대 중반부터 시작된 많은 시도 끝에 초대 시로 가톨릭교회의 총대주교는 미켈레 지아베Michele Giaweh가 1782년 1월 4일 총대주교로 선출되었으며, 메사포타미아의 마드린Madrin 근처에 있는 Deir Zaffaran 관저에서 서품식을 가졌고, 1783년 로마에서 인준되었다. Cf. Oriente cattolico, o.c., p.164.

[11] 레오 12세 교황은 1824년 8월 15일 교황교서 「사도들의 으뜸 베드로Petrus Apostolorum princeps」를 통해 콥트 가톨릭교회 총대주교좌를 설립했다.

든 동방 가톨릭교회와 달리 마로니타 교회는 정교회와 유사점을 갖지 않는다.

라틴교회와 마로니타 교회의 직접적 관계는 지정학적 이유로 단절되었다. 그러나 마로니타 총대주교 제레미아 2세 알암시티Geremia II Al-Amsciti가 1215년 제4차 라테란공의회에 참석함으로써 실질적으로 회복되었다.[12] 앞에서 언급한 모든 동방 가톨릭교회는 마로니타 교회와 마찬가지로 총대주교 교회에서 유래하는 총대주교좌 교회들이다.[13]

---

12) 마로니타 총대주교 제레미아 2세 알암시티가 공의회에 참석함으로써 인노첸시오 3세 교황은 1216년 1월 4일 칙서 「거룩한 지혜 때문에*Quia divinae sapientiae*」를 통해 그를 안티오키아 총대주교로 인준했다. 인준 수여에서 마로니타 교회와 로마 관계는 더 이상 단절되지 않았다.

13) 동방의 마로니타 가톨릭교회는 동서방의 교회분리 시대에도 유일하게 동방에서 로마와 친밀한 관계를 유지했으나 지정학적 이유로 로마와 단절되었다. 터키가 400년간 지배하는 동안 교회가 박해를 피해 산악지대로 도피했기 때문이다. 마로니타 교회의 총대주교와 그리스도인들이 숨어 지낸 곳은 레 체드레 Les Cedres라는 곳으로 해발 2,500미터가 넘는 험준한 산악지대다. 때로는 마을 주민 전체가 터키군에게 학살되는 상황에서 마로니타 그리스도인들은 신앙을 지키기 위해 험준한 절벽에 동굴을 뚫고 살았다. 한편 교역과 상업에 유리한 지역은 이슬람 세력이 장악하고 있어 마로니타 그리스도인들은 로마와 통교가 단절된 채 산악지대에서 생활하며 극심한 가난에 시달렸다. 레 체드레는 서방 수도생활의 모체가 되는 곳이기 때문에 교회사적으로 매우 중요한 지역이다. 지금도 당시의 원형이 잘 간직되어 있으며, 현재 3명의 은수자가 살고 있다. 레 체드레의 수도원을 모방한 서방 수도원은 이탈리아 수비아코에 있는 베네딕토 수도회다. 이렇듯 마로니타 교회는 로마와의 관계만이 아니라 교회사적으로 중요한 역할을 하기 때문에 로마교회는 마로니타 교회에 최대의 존경과 예우를 표한다.

총대주교에 속하지 않는 그 밖의 동방교회들도 14세기 중반 이후 가톨릭교회와 일치하기 위해 돌아왔다. 서방에서는 이 모든 동방 가톨릭교회에 대해 '동방 가톨릭교회 Chiesa Orientale cattolica'라는 단수 형태의 이름만 부여했다. 곧 현실적으로 하나의 교회가 아니라 여러 전통과 전례, 언어와 유산을 가진 다른 교회들이다. 그러나 제2차 바티칸공의회를 통해 명칭이 바뀌게 되었다. 로마와 일치하는 동방교회는 이단 또는 이교라고 부르는 대신 갈라진 형제들이라고 부르게 되었고, 로마와 일치하지 않는 그 밖의 모든 동방교회는 '정교회Chiese ortodosse'라는 명칭으로 남게 되었다.

로마와 일치한 가톨릭교회들은 단수로 동방교회Chiesa Orientale라고 불렀으며, 동방교회를 위한 성성도 동방교회 심의회Congregazione per la Chiesa Orientale라고 부르게 되었다.

제2차 바티칸공의회 말미에 바오로 6세는 1967년 8월 15일 교황령 「보편교회의 통치*Regimi Ecclesiae Universae*」를 통해 복수인 동방교회들을 위한 심의회Congregatio pro Ecclesiis Universae란 단어로 변경하도록 했다.

3. 예법(전례), 예법 교회, 자치 교회 Chiesa sui iuris

제2차 바티칸공의회 이전에는 교회를 위한 예법(전례)이라는 단어를 구분 없이 사용했다. 여전히 자치 교회를 묘사하기 위해 더 적합한 용어를 찾지 못했지만 본질적 차이를 알고 있는 공의회 문헌은 용어 사용을 바로잡았다. 「동방 가톨릭교회들에 관한 교령」은 개별 교회 Chiesa particolare라는 용어를 사용하는데, 라틴교회와 관련한 다른 문헌에서 개별 교회라는 용어는 교구를 의미한다. 마찬가지로 1983년 라틴교회를 위해 공포된 교회법전(Codice di Diritto Canonico, CIC)도 자치 교회에 대해서는 예법 교회로, 라틴교회 교구에 대해서는 개별 교회라는 용어를 채택한다.

7년 뒤인 1990년 동방 가톨릭 교회법전(Codice dei Canoni delle Chiese Orientali, CCEO, 이하 동방교회법)은 동방교회법전이라는 이름으로 반포한 교황청 동방교회법전 심의위원회는 '에파르키아'와 '교구'에 대해서는 '개별 교회'라는 용어를 유지하면서 로마 가톨릭교회와 온전한 일치를 이루고 고유한 전통과 전례, 규율과 교계제도로 구별되는 동방교회를 묘사하기 위해 자치 교회Chiesa sui iuri라는 용어를 고안했다.

동방교회법 제27조와 28조는 예법과 자치 교회라는 용어를 구분하면서 이렇게 정의한다. "예법이란 민족의 문화와 역사적 상황에 따라 구별되는 전례와 신학, 영성과 규율 유산이며, 신앙을 살아 있는 방식으로 표현한 것이며 각각의 자치 교회마다 고유하다."(동방교회법 제28조) 반면 자치 교회란 "법 규범에 따라 교회제도로 결합된 그리스도교 신자들의 집단이며, 교회의 최고 권위는 명시적으로나 암묵적으로 자치를 인정한다."(동방교회법 제27조)

동방교회를 묘사하기 위한 자치 독립sui iuris이라는 용어를 찾지 못한 7년 전 교회법전은 예법 교회라는 용어를 사용했다. 교회법 해석평의회는 교회법전과 동방교회법전이 같은 용어를 쓰면서 동질성을 가지려면 일련의 용어 수정이 필요하다고 보았다.

교회법 제111, 112, 535조의 예법 교회Chiesa rituale는 자치 교회라는 명칭으로 하면 적당할 것 같다. sui iuris란 형용사는 사전적으로 '고유법'을 의미하며, 로마법에서 유래하는 것으로 다른 사람의 친권patria potestà에 지배받지 않는 사람에게 적용되며, 시민으로서 충만한 시민권을 누린다. 그러한 형용사가 동방교회에 적용된 것은 다른 교회에 구조적으로 의존하지 않으면서 고유의 규율과 전례, 신학과 문화적 유산으로 자신의 교계제도 권위에 따라 운영되는 교회들을 교회법적으로 의미(구별)하기 위해서다.

4. 자치 교회의 개별적 독자성

동방의 총대주교들은 사목교서에서 "우리 동방교회는 고대부터 이어져 오는 역사와 유산, 전례적 표현의 다양성과 영성의 진실함, 원대한 신학적 지평과 영웅적 순교에 이르기까지 몇 세기에 걸친 신앙고백의 힘으로 두각을 나타낸다."[14]고 밝혔다.

동방의 자치 교회는 교회들 간의 여러 유파로 구분되는

---

14) Consiglio dei Patriarchi Cattolici D'Oriente, Lettera pastorale La présence chrétienne en Orient. Témoignage et mission(Pasqua 1992), n.39.

동시에 보편적 가톨릭교회라는 의미에서 동등한 존엄성과 권리와 의무를 누린다. "비록 예법이 다르거나 전례와 교회 규범과 영적 유산이 어느 정도 서로 다르다 하더라도 똑같이 교황의 사목적 통치에 맡겨져 있다. 교황은 하느님의 뜻에 따라 보편교회에 대한 수위권을 지닌 복된 베드로를 계승한다. '개별 교회'(개별 교회는 라틴교회 교구가 아니라 동방의 자치 교회를 의미한다—옮긴이)들은 동등한 품위를 지니므로 어떠한 교회도 예법 때문에 다른 교회보다 앞설 수 없고, 같은 권리와 의무를 지니며, 교황의 지도 아래 온 세상에 복음을 선포해야(마르 16,15) 할 같은 의무를 지닌다."(「동방 가톨릭교회들에 관한 교령」 3항)

1) 가톨릭과 동방

자치sui iuris라는 공통적 성격을 가지는 모든 동방 가톨릭교회는 서로 간의 엄청난 차이에도 두 가지 본질적 요소인 동방과 가톨릭이라는 이름에서 동일함을 발견한다. 모든 동방 가톨릭교회는 직간접적으로 네 곳의 고대 총대주교 모교회에서 유래하므로 동방이라고 부른다. 가톨릭이라는 부가형용사는 베드로의 후계자와 온전한 일치에서 기인하는 것으로 보편교회의 수위권과 주교단의 으뜸이고, 그리스도의 대리이며, 보편교회의 목자로서 교황을 인정한다. "따라서 그는 자기 임무에 의하여 교회에서 최고의 완전하고 직접적이고 보편적 직권을 가지며 이를 언제나 자유로이 행사할 수 있다."(동방교회법 제43조)

동방 가톨릭교회는 자신들의 교회에서 사목 사법적 규율과 영적 분야에까지 관련한 모든 영향을 포함해 그리스도 교회의 최고이자 완전한 권한을 가진 교황의 신분을 인정한다. 이런 현상은 자치 교회의 구성원과 관련한 모든 권리와 의무는 간직하면서, 자치 교회 지역 밖에서 거주하는 관할권이 없는 모든 신자가 교황에게 직접 예속됨을 의미한다. 결과적으로 자신의 자치 교회 지역 밖에서 거주하는 동방 가톨릭교회 신자들은 교황의 예속 아래 있으며, 교황은 특정 상황에서 그들의 교구(에파르키아)를 위해 권한 밖의 권한을 행사할 수 있으며, 그들의 주교들을 선임할 수 있다.(동방교회법 제916조 5항 참조) 동방교회법 제149조, 168조, 181-182조에 따라 자기 교회 지역 안에 있는 총대주교 교회들의 주교 또는 대주교를 제외하고, 보편교회 전 지역에 대한 교황의 수위권으로 교황은 모든 동방교회 주교를 임명할 권한을 가진다.

2) 고유 예법(전례)과 유산

동방교회는 그들 구성원의 예법, 고유 범주와 자치 교회의 유형에 따라 모이게 된다.

같은 예법에 여러 자치 교회와 관련할 수도 있다. 예법이란 "민족의 문화와 역사적 상황에 따라 구분되는 전례와 신학, 영적 규율 유산"(동방교회법 제28조)으로 이해했다. 예법은 실질적으로 다섯 전례로 알려졌는데 알렉산드리아, 안티오키아, 아르메니아, 칼데아와 콘스탄티노플 또는 비잔틴 전통에서 유래하는 전례다.(동방교회법 제28조 2항 참조) 같은 전례(예법) 안에 있는 모든 자치 교회는 고유한 역사와 고유한 영성과 규율을 가진다.

알렉산드리아 전례는 북아프리카 전통 아래 두며 두 가지로 나뉜다. 이집트와 에티오피아 모두 그리스어와 콥트어를 사용했다. 오늘날 이집트에서는 아랍어도 사용하나, 에티오피아와 에리트레아는 게에즈ghéez라고 불리는 고어古語를 사용한다. 이 고어는 5세기 지역의 공식어였다.[15]

안티오키아 전례: 안티오키아 전례는 안티오키아에서 생성되어 팔레스티나와 시리아, 메소포타미아 북쪽에 퍼졌다. 17세기 중엽에는 인도 남부의 그리스도인들에까지 퍼져나갔다. 안티오키아 전례는 시리아어를 채택하지만 초기에는 그리스어를 쓰기도 했다. 그러나 현재 중동 지방에서는 아랍어를 사용하며, 인도 지역에서는 말라얄람어(인도 서남부 케랄라에서 사용하는 언어)를 사용한다. 이 전례는 마로니타, 시리아, 인도의 말란카르와 관계가 있다.

아르메니아 전례: 아르메니아 전례는 카파도키아 본과

---

15) 알렉산드리아 전례 교회를 '콥트 교회'라고 부르기도 하는데, 콥트Copt라는 말은 '이집트 사람'이라는 뜻을 지닌 아랍어 알 굽트al-gubt에서 유래한다. 따라서 콥트 교회란 이집트 교회를 가리키는 표현이라고 할 수 있다. 오늘날 이집트의 콥트 교회 신자들은 대략 천만 명 정도로 추산된다. -옮긴이.

비잔틴 본에 현저한 영향을 받은 것과 아울러 안티오키아 본을 발전시킨 것으로 5세기 아르메니아어를 사용한다. 레바논과 시리아에 거주하는 아르메니아인들은 오늘날 아랍어를 사용하기도 한다. 이 전례는 칠리치아의 아르메니아 총대교구 가톨릭교회와 관계한다.

칼데아 전례: 칼데아 전례는 고대 사산 제국에서 발전시켰다. 나중에 중앙아시아와 중국, 인도에 전해졌으며, 시리아어만을 사용해 왔지만 현재는 중동 지역 아랍어권은 아랍어를 쓰고 인도에서는 말라얄람어를 쓴다.

비잔틴 또는 콘스탄티노플 전례: 비잔틴 또는 콘스탄티노플 전례는 콘스탄티노플 또는 고대 비잔틴에서 발전했으며 그리스어나 각 교회가 속한 나라의 언어를 사용한다. 이 전례는 전 세계, 특히 러시아와 동유럽에서 각기 다른 자치 교회와 관계가 있지만 안티오키아와 알렉산드리아 전례와 관련이 있다.

3) 범주

자치 동방교회는 각각의 모교회 기원에 대한 지위나 동방교회가 합치할 때의 지리적 확장이나 현재 신자 수에 따라 분류되었다. 분류에는 통치방식과 교계 구조, 교황청의 자치, 종속 정도에 달려 있으며 크게 네 가지로 분류된다.

총대교구 교회Chiesa Patriarcale, 관구 대교구Arcivescovile Maggiore 교회, 수도 대교구Metropolitana 교회, 에파르키아(교구), 성직자치단Esarchiale 또는 기타 교회로 구분된다.

첫 번째 범주는 총대주교 교회들이다. 총대주교 제도는 교회사 초기로 거슬러 올라가며 초대 세계 공의회에서 인정되었으며(「동방 가톨릭교회들에 관한 교령」 7항과 동방교회법 제55-56조) 교황의 재치권을 제외한 하나의 독립된 교회다. 총대교구의 총대주교는 자기 교회 수장으로서 신자들에게 아버지를 대신한다. 또한 총대주교는 자신의 에파르키아(교구)를 갖는 주교이며 동시에 총대교구 지역의 경계 안에 있는 모든 주교를 포함해 자치 교회의 모든 신자에 대한 재치권을 가진다.

총대주교 주관으로 교회의 모든 주교가 모이는 주교대의원회의에서 총대주교는 총대교구 교회에서 최고 권위를 가진다.(「동방 가톨릭교회들에 관한 교령」 9항) 총대주교는 자기가 속한 교회의 주교대의원회의에서 선출되며 수락 시에 총대주교가 되지만, 신임 총대주교는 교황과 교회적 친교를 다짐하는 자필 친서가 요구된다.(동방교회법 제76조 2항) 총대교구 가톨릭교회는 앞에서 열거한 교회들로 중동 지역에서 볼 수 있다.

두 번째 범주는 관구 대교구 교회들이다. 관구장 대주교와 관구 대교구 교회는 보편법이 달리 명시적으로 규정하지 않았거나 사안의 성격이 일치하지 않는 경우를 제외하고는 총대교구 교회와 마찬가지로 총대주교와 총대교구와 관련한 동등한 모든 권리와 의무를 누린다. 총대주교와 달리 관구장 대주교의 선출은 교황의 추인을 요구한다.(동방교회법 제153조 참조)

제2차 바티칸공의회는 필요한 곳에 교회 최고권위에 따

라 신설 총대교구 설립을 수락했으며 관구 대교구 교회에도 유효하다. 공의회의 간절한 바람은 최근 동방 가톨릭 교회법전에 온전히 반영해 총대교구 교회 설립과 회복, 변경과 폐쇄는 최고권위인 교황에게 유보했다.(「동방 가톨릭 교회들에 관한 교령」 11항) 현재 교황청에서 관구 대교구 교회로 승격된 교회는 4곳이다. 1595년에 일치한 그리스 우크라이나 가톨릭교회,[16] 1662년에 일치한 인도에 위치한 시로 말란바르 가톨릭교회,[17] 1930년 일치한 시로 말란카르 교회,[18] 루마니아의 그리스 가톨릭교회다.[19]

세 번째 범주는 '수도 대교구 자치 교회들'[20]이다. 수도

---

16) 비잔틴 전통과 예법의 우크라이나 교회는 우크라이나어 Kyiv-Halyč란 명칭으로 1963년 12월 23일 관구 대교구 교회로 승격되었다.
17) 칼데아 전통과 예법의 시로(시리아) 말란바르 교회는 Ernakulam-Angamaly란 명칭으로 1992년 12월 16일 관구 대교구 교회로 승격되었다.
18) 안티오키아 전통과 예법의 시로(시리아) 말란카르 교회는 Trivandrum이란 명칭으로 2005년 2월 10일 관구 대교구 교회로 승격되었다.
19) 비잔틴 전통과 예법의 루마니아 교회는 Făgăraş e Alba Iulia란 명칭으로 2005년 12월 16일 관구 대교구 교회로 승격되었다.
20) 수도 대교구 교회란 명칭은 동방교회에서 주교와 총대주교 사이의 중개 인물로 생겨났으며, 니케아공의회(325)에서 공식으로 만들었다. 수도 대교구 교회의 수도 대주교는 관할 관구 내 주교들에 대해 특별한 권위를 가진다. 수도 대교구 교회의 수도 대주교는 각각의 주교대의원회의와 관구 공의회에서 직접 역할을 행사한다. 수도 대교구 교회는 관구 대교구 교회와 유사한 개념이다―옮긴이.

대교구 교회는 교황이 임명한 수도 대주교가 통치하며, 주교회의 Consiglio dei Gerarchi[21]의 도움을 받는다.(동방교회법 제155조) 수도 대주교는 교황에게 팔리움을 수여받은 뒤에만 자기 교회를 대표한다.(동방교회법 제156조) 현재 수도 대교구 교회는 세 곳이다. 1930년에 일치한 아디스아바바의 에티오피아 교회(콥트 전통과 예법의 아디스아바바의 에티오피아 교회는 1961년 2월 20일 수도 대교구 교회로 승격), 1646년에 일치한 미국 피츠버그의 루테니아 교회(우크라이나 서부의 역사적 지역명. 비잔틴 전통과 예법의 피츠버그 루테니아 교회는 1977년 3월 11일 수도 대교구 교회로 승격), 1646년 일치한 슬로바키아 그리스(비잔틴) 가톨릭교회다.(비잔틴 전통과 예법의 슬로바키아 교회는 2008년 1월 30일 수도 대교구 교회로 승격)

네 번째 범주는 교황이 임명한 주교가 주재하는 에파르키아(교구) 차원의 동방교회의 자치 에파르키아들(교구

---

21) 'Consiglio dei Gerarchi'를 주교회의로 옮겼는데, 'Gerarca(Hierarca)'란 라틴교회의 'Ordinario' 개념이다. 직권자, 주교를 뜻한다—옮긴이.

들)이다. 현재 에파르키아 교회는 모두 비잔틴 전례 교회로 다음과 같다.

이탈리아 주재 알바니아 가톨릭교회, 알바니아 가톨릭교회, 벨로루시 그리스(비잔틴) 가톨릭교회, 불가리아 그리스(비잔틴) 가톨릭교회, 크로아티아 그리스(비잔틴) 가톨릭교회, 그리스 주재 비잔틴 가톨릭교회, 세르비아와 몬테네그로 그리스(비잔틴) 가톨릭교회, 마케도니아 그리스(비잔틴) 가톨릭교회, 우크라이나 주재 루테니아 그리스(비잔틴) 가톨릭교회, 러시아 주재 러시아 그리스(비잔틴) 가톨릭교회, 헝가리 그리스(비잔틴) 가톨릭교회다.

그 밖의 소규모 자치 교회는 교황에게 예속되며 교황권의 대리자에게 통치된다.(동방교회법 제174-176조)

5. 동방교회의 구조와 통치방식인 시노드

동방교회는 고유의 교계제도와 독특한 통치방식을 보존하고 있다. 본당으로 경계를 정하는 지리적 방식으로 에파르키아(교구)를 형성하고, 모든 교구가 관구이거나 수도 대교구를 형성하며, 모든 수도 대교구가 총대교구를 형성하여 지역과 교계를 구분하고 세분하는 것은 라틴교회와 같다. 그러나 통치방식은 라틴교회와 다르다.

총대주교는 교황의 전권을 갖지 않는다. 자기 교회에 대한 총대주교의 재치권은 통상적 권한을 통한 재치권이지만, 교황의 직권과 같지 않다.(동방교회법 제43조; 교회법 제331조) 총대주교와 관구장 대주교는 그들의 모든 자치에 대해 세 가지 권한을 누리지 못하고, 통치하는 데 필요한 집행권만을 가진다. 다른 두 가지 입법권과 사법권은 교회의 주교대의원회의의 권한이다. 총대주교의 권한이나 주교대의원회의의 권한은 지리적으로 그들의 자치 교회의 지역 내에 국한되는 권한이다.

주교대의원회의는 총대교구와 관구 대교구 교회들에서 교회의 최고 권위를 구성하며, 자신의 입법권과 사법권을 넘어서는 중요한 결정이나 보편법과 개별법에 관한 한 일부 예외적 권한을 제정하는 것과 같은 교회의 중요한 선택을 결정하는 역할을 한다. 나아가 총대주교와 주교들의 선출을 수행한다.(동방교회법 제110조 참조)

통치를 위한 집행권을 행사할 때도 총대주교와 관구장 대주교는 교회 내 또 하나의 통치 기관인 보편법에 의해 임명된 4명의 주교로 구성된 상임 주교대의원회의Sinodo permanente 의장으로 참석한다. 상임 주교대의원회의 권한은 모든 교회의 보편법과 개별법으로 규정되며, 총대주교의 결정에 대한 상임 주교대의원회 위원들의 관여는 사법적 성격, 자문적 의사, 결정적 성격 등을 지닌다. 자치 총대교구 교회 차원에서 이 같은 시노드 방식은 보편교회 차원에서 교황이 주재하는 주교단 모습으로 행사하는 제도를 연상한다. 그러나 시노드 방식은 완전하고 최고의 권한을 지닌 것을 훼손하지 않고 보편교회 안에서 최고 권위를 가진다.

자치 수도 대교구 교회에서 수도 대주교는 주교회의에서 공유한 특정 법안을 통치할 수 있는 집행권을 보유한다. 개별 교회에서 주교회의는 주교대의원회의와 상응하나 동일한 사법권을 갖지 않고 입법권은 사도좌의 통제 하에 있다. 이는 주교회의 에서 공포한 법률은 법안 수취를 첨부한 서면 문서를 사도좌에 먼저 통보하지 않고 공포될 수 없으며 효력이 없음을 뜻한다.(동방교회법 제167조 참조) 수도 대교구 교회에서 주교 서임은 주교회의에서 선정한 세 명의 후보 가운데 한 명을 교황이 임명한다.

모든 동방 주교는 교황이 주재하는 주교단을 이루며 교회의 일반 통치에 참여한다. 모든 총대주교와 관구장 대주교는 교회법 제350조 규범에 따라 추기경단의 일원이 될 수 있다. 총대주교와 관구장 대주교, 모든 자치의 동방교회 수장은 교황이 제정한 특별 규범으로 보편교회의 통치에 교황과 함께 참여한다.(동방교회법 제46조 참조)

6. 특징과 특이성

제2차 바티칸공의회는 동방교회의 전통과 유산의 가치를 고려하며 모든 차원, 고유한 유산으로 이어받은 모든 법률적·영적·전례적 특징과 특이성을 보호하기 위한 동방교회의 권리와 의무에 대한 지지를 장엄하게 선언했다. "거룩한 공의회는 이 교회의 영적 유산을 마땅히 존중하고 찬양할 뿐 아니라 이를 온 그리스도 교회의 유산이라고 확언한다. 그러므로 동방교회들도 서방교회들과 마찬가지로 고유한 특수 규율에 따라 교회를 다스릴 권리와 의무가 있음을 공의회는 장엄하게 선언한다. 존경스러운 그 오랜 규율은 동방교회 신자들의 생활 관습에 더 잘 맞고, 그들의 선익을 돌보는 데 더욱 적합한 것으로 보이기 때문이다."(「동방 가톨릭교회들에 관한 교령」 5항)

1) 보편법과 개별법[22]

모든 동방 가톨릭교회는 자신들의 개별법을 지키면서 모든 동방교회를 위해 교황이 제정한 보편법을 준수한다.

모든 동방교회는 동방과 서방교회가 분리되기 이전에 열린 마지막 세계 공의회인 787년 제2차 니케아공의회가 폐막된 이후, 간혹 개별 또는 지역 시노드와 공의회를 통

---

22) Cf. Alwan Hanna, *Rapporto fra il Codice dei Canoni per le Chiese Orientali e il Codice di diritto Canonico per la Chiesa Latina* (「동방교회를 위한 교회법전과 라틴교회를 위한 교회법전의 관계」 참조), in Quaderni dello Studio Rotale, Lib. Edit. Vaticana, 15(2005), pp.69-92.

해 독립적이며 자율적으로 조절했다.

가능한 한 초기 일곱 번의 세계 공의회와 고유하고 거룩한 전통과 특별한 유산에 대한 존중, 그리고 각각의 예법에 따른 교황들의 가르침을 항상 간직하면서 자치 교회의 개별 교회법이 입법화되었다.

몇 세기 뒤 전례로 인해 라틴교회로 알려진 로마교회는 법률 편찬codificazioni legislative이라는 방식을 통해 고유 규율을 채택했다. 그라시아노에 의해 라틴교회는 법률을 수집하여 수준 높은 교회법전을 완성했다. 그러나 동방교회는 그들 사이의 차이로 인해 개별적으로 작업했다. 그런데도 13세기에는 대체로 초창기 공의회의 공통적이고 거룩한 규율의 기초를 간직하면서, 그 밖의 법률 수집과 더불어 몇몇 동방교회는 노모카논(교회와 관련된 일반 시민법과 교회법 모음nomocanoni)"[23]이라고 부르는 법률 수집

---

23) '노모카논'이란 그리스어 'nomos(법)'와 'canon(규율)'의 합성어로 후기 비잔틴 시대에 일반 시민법과 교회법 규범의 수집 방법으로 나타났다. 교회와 관련한 일반 시민법과 교회법으로 구성된 교회법 모음이라고 할 수 있다. 노모카논은 18세기까지 효력을 가지고 사용되었다. 기억해야 할 노모카논은 다음과 같다. 1170년 작성된 안티오키아 총대주교 발사몬Balsamon의 노모카논;

방법을 사용하기 시작했다.

각각 입법화의 길을 걸어온 수많은 시간을 뒤로하고 몇몇 동방교회가 가톨릭교회와 일치를 이룬 후 비오 12세가 혼인법, 교회법적 소송절차, 재산법과 함께 주교와 수도자들의 신분에 관한 자의교서Motu proprio 형태의 교황교서 네 개를 공포하자, 지난 반세기 동안 모든 동방 가톨릭 교회가 공통적으로 법률 공포에 착수했다.[24] 그러나 제2차

발사몬의 노모카논에 주석을 달아 출판된 포지오Fozio의 노모카논은 1800년 총대주교 네오피투스Neophytus 8세에 의해 출판되어 정교회의 법전Corpus iuris이 되었다. 시로(시리아) 안티오키아 교회의 바르헤브레우스(Barhebreus, 1226-1286)의 노모카논; 콥트 교회를 위해 1250년경에 작성된 As-Safi Ibn Al-Assal의 노모카논; 시로(시리아) 안티오키아 교회의 수도 대주교 'Abdīšō' bar Brīkā di Nisibi(1318)의 노모카논 등을 들 수 있다.

Cf. D. Salachas, *Nomocanoni*, in E. G. Farrugia, (ed.), *Dizionario Enciclopedio dell'Oriente Cristiano*, Roma 2000, 534 e D. Ceccarelli Morolli, *Nomocanoni particolari*, ibid., 535 [Cf. Beveridge G., *Synodicon orientale*, II. 1-272; P. G., CXLIV, 959-1400; Mortreuil, *Historie du droit byzantin*, III, 457-64; Heimbach, *Griech.-Röm. Recht*, in Ersch Y Gruber, Encyclop., LXXXVI, 467-70, trad. Petit en Vacant Y Mangenot, *Dict. de théol. cathol.*, s.v. Blastares].

24) 비오 12세, 1949년 2월 22일 자의교서 형태의 교황교서 「잦은 연락이 왔다*Crebrae Allatae sunt*」, 동방교회를 위한 혼인성사 규율에 관하여 de disciplina Sacramenti Matrimonii pro Ecclesia Orientali: AAS 41(1949), p.119.

비오 12세, 1950년 1월 6일 자의교서 형태의 교황교서 「우리의 걱정*Sollicitudinem nostram*」, 동방교회를 위한 재판에 대하여de iudiciis pro ecclesia Orientali:AAS 42(1950), pp.5-120.

비오 12세, 1952년 2월 9일 자의교서 형태의 교황교서 「교황교서 이후에*Postquam apostolicis litteris*」, 동방교회들을 위한 수도자들, 교회의 재산과 용어 의미에 대하여 de religiosis, de bonis ecclesiae temporalibus et de verborum significatione pro

바티칸공의회 폐막 이후 모든 동방교회가 하나이며 공통되고 완전한 법전 형성을 기다리는 자의교서 반포는 중단되었다. 사실 1990년 10월 18일 교황령 「거룩한 규율」[25]을 통해 요한 바오로 2세는 동방교회법전(Codice dei Canoni delle Chiese Orientali, CCEO)을 공포했다. 동방교회법전은 모든 동방교회에 대한 최초의 공동 법전이자 유일한 규율 규범인 동시에 모든 사법 분야를 망라한다. 이 법전은 법적 구속력이 있지만 각 규율이 가진 유산의 특수성을 고려해 각자의 개별법을 적용하려는 모든 교회의 권리를 배제하지 않는다. 오히려 동방교회법전 본문은 가톨릭 규율과 일치하기 위해 필요한 일반적 기술을 한 것이고, 그 밖의 모든 분야는 개별 교회의 개별법에 위임한다.

동방교회법 제1493조 2항은 교회의 개별법을 다음과 같

Ecclesiis orientalibus: AAS 44(1952), pp.65-150.
비오 12세, 1957년 6월 2일 자의교서 형태의 교황교서 「성직자의 정결로 Cleri sanctitate」; AAS 49(1957), pp.433-603.

[25] 1990년 10월 18일 교황령 "거룩한 규율인 동방교회들의 교회법전이 반포된다 Sacri canones qua Codex Canonum Ecclesiarum Orientalium promulgatur",: AAS 82(1990), pp.1033-1044.

이 정의한다. "모든 법률과 합법적 관습, 정관과 기타 법규범은 보편교회나 모든 동방교회에게도 일반적 유형이 존재하지 않는다." 자치의 총대교구나 관구 대교구 교회에서 "총대교구 교회 전체를 위한 법률을 공포하는 것은 전적으로 총대주교 교회의 주교대의원회의의 권한이며, 동방교회법 제150조 2-3항 규범에 따라 효력을 가진다." (동방교회법 제110조 1항)

총대주교와 관구장 대주교들에게는 각 주교대의원회의에서 제정한 개별법을 공포하는 권리만 있다.(동방교회법 제112조 참조) 1990년 동방교회법전을 공포함으로써 모든 동방교회는 그들의 개별법에 대한 수정 조치를 취했다. 주교대의원회의에서 공포한 개별법은 전례법이나 교황청이 인준한 것을 제외하고 총대교구 교회의 지역 내에서만 유효하다.(동방교회법 제150조 2-3항)

자치의 수도 대교구 교회에서 개별법을 제정하는 것은 주교회의이고 수도 대주교가 이를 공포하지만, 공포의 유효성을 위해 다음 내용이 요구된다.

"수도 대주교는 가능한 빨리 주교회의가 제정한 법률과 규범에 대해 사도좌에 알려야 한다. 수도 대주교가 주교회의의 법률에 대한 수령을 첨부한 사도좌의 서면 통보를 받기 전에는 유효하게 법률과 규범을 공포할 수 없다."(동방교회법 제167조 2항)

보편법의 법률이 달리 규정하지 않는다면 자치 교회의 개별법을 개정하지 않는다는 동방교회법 제1502조 2항 규정에 따라 보편법과 개별법 사이에서 개별법이 우선한다.

2) 고유 용어

동방과 서방이라는 두 세계가 서로 다른 법률 형성의 길을 걸어온 것을 고려하면, 교회 용어와 법률 용어가 다른 것이 당연하다.

달리 쓰는 명칭이나 용어는 다음과 같다. 동방에서는 교구Diocesi 대신에 에파르키아Eparchia, 입적incardinazione 대신에 성직자의 교회 가입, 견진성사 대신에 성 미론의 견진성사, 직권자Ordinario 대신에 제라르카(Gerarca, 주교), 미사Santa Messa를 거룩한 성찬Divina Eucaristia이라는 용어를 사용한다.

3) 고유 전례와 성사 규율

모든 자치 동방교회는 세상 어디에서든 같은 교회라는 정체성과 일치를 위해 신앙의 본질적 요소인 자신들의 전례를 따라야 한다. 총대주교는 총대교구청에 전례위원회를 설립해야 한다.(동방교회법 제124조 참조) 전례법과 전례 규범은 전례위원회가 준비하지만, 각 주교대의원회의가 제정하고 총대주교가 공포한다. 그리고 다른 개별법과 달리 전례법과 전례 규범은 전 세계에서 유효하다.(동방교회법 제150조 2항 참조) 전례 거행에서 보존해야 할 유산 가운데 하나인 전통적이고 역사적 전례 언어가 사용되었다.

성사 규율에서 동방교회는 라틴 규율과 다른 제도를 가지고 있다. 예를 들면 동방교회는 세례성사와 견진성사를 함께 집전할 수 있다.(동방교회법 제694-696조 참조) 혼인의 유효성을 위해 동방교회에서는 혼인을 축복하기 위한 사제나 주교의 입회가 요구되나, 라틴교회에서는 '유효성을 위해ad validitatem' 그것이 필요하지 않다. 라틴교회에서는 부제도 혼인을 주례할 수 있지만(교회법 제1111조 1항–옮긴이) 동방교회에서는 혼인을 유효하게 축복할 수 없다.[26]

그와 같은 세부사항은 라틴교회의 교회법전에서는 명시되지 않았기 때문에 교황청 교회법 해석평의회는 교회법 제1108조에 신설 조항을 추가하려는 개정 작업을 준비하고 있다. 그런데 양쪽이 모두 동방교회 신자이거나 한쪽은 라틴교회 신자이고 다른 한쪽은 동방 가톨릭교회 신자이거나 가톨릭이 아닌 동방교회의 신자일 경우 사제만이 유효하게 혼인을 주례할 수 있다는 조항을 신설할 예정이다.

이런 수정은 교회법 제111조, 112조, 1127조 1항에도 관심을 가진다. 죽을 위험이 있을 때, 가톨릭 사제는 가톨릭교회와 온전한 친교가 없는 동방교회 신자들의 혼인을 주례할 자격을 줄 수 있는 가능성을 주교에게 수여하는 교회법 조항을 제1116조에 추가할 예정인데, 그때에 그 조

---

26) Cf. Alwan Hanna, *La condizione nella tradizione orientale*, in AAVV, "*La condizione nel matrimonio canonico*", Studi Giuridici LXXXII, Edit., Vaticana 2009, pp.63-87.

항의 추가가 요구될 것이다. 동방교회 법전에는 라틴교회 법전에서 알고 있는 장애와 다른 혼인 장애가 있으며, 동방교회의 개별법 외에도 다른 혼인무효를 추가하거나, 부부의 별거에 대한 조항을 추가할 수 있다. "그것 없이는 안 된다sine qua non."는 식으로 혼인에 조건을 단 혼인합의는 동방에서는 무효로 한다.[27]

4) 성직자의 규율과 성품

앞에서 언급했듯이 총대교구 교회와 관구 대교구의 주교 선출은 자치 교회의 지역 내에서는 주교대의원회의가 직접 선출하지만, 지역 밖의 주교를 선출하기 위해서는 대의원회의가 세 명의 후보를 제출하고 주교를 임명하는 것은 사도좌 소관이다. 자치 수도 대교구 교회에서는 주교회의가 3명의 후보 이름을 제출하고 주교의 임명은 사도

---

27) Cf. Alwan Hanna, *Rapporto fra il Codice dei Canoni per le Chiese Orientali e il Codice di diritto Canonico per la Chiesa Latina*(「동방교회를 위한 교회법전과 라틴교회를 위한 교회법전의 관계」참조), in Quaderni dello Studio Rotale, Lib. Edit. Vaticana, 15(2005), pp.69-92.

좌에 맡긴다. 수도 대교구 교회는 지역 내에서도 예외를 두지 않는다.(동방교회법 제168조 참조)

일부 동방교회에서는 기혼 사제를 허락한다.(동방교회법 제373-375조 참조) 독신 사제와 함께 라틴교회가 우세한 신세계로 이주한 동방교회 신자들이 부딪힌 첫 번째 문제는 미국과 호주에서 기혼 동방 사제들을 받아들여야 하는가 하는 문제였다. 이미 지난 세기 초에 미국에서 활동 중인 우크라이나 기혼 사제들의 활동이 처음으로 금지되었다. 미국에서는 우크라이나와 루테니아 기혼 사제들에게만 활동 금지를 적용했다. 하지만 이런 금지는 일부 교황 문헌과 더불어 전 이주국가에 있는 동방교회 전체에 확대되었다.(비오 12세, 1929년 12월 23일 자의교서 「총명한 방법으로」: AAS 22(1930), pp.99-105) 비오 12세의 자의교서에서는 기혼 사제의 활동과 서품을 금지했다.[28] 1957년 6월 2일 자

---

[28] 이미 언급한 지역에서 성무를 수행하기 위해서는 아내가 있는 기혼 사제들은 허락되지 않으며, 미혼 사제나 상처한 사제들만 허락된다. 그러나 상처한 사제들이 어떻게 되어 교구에서 그들의 자식들이 살거나 또는 동네 인근 주민들이 어떤 방식으로든 알게 되면, 정당한 사유로 이 심의회에서 그들의 교구나 동네에서 추방될 수 있다.(Ad sacrum ministerium exercendum in praefatis regionibus non admittantur sacerdotes saeculares uxorem habentes, sed solum sacerdotes caelibes, aut vidui. Vidui tamen iustis de causis ab hac Sacra Congregazione excludi poterunt ab iis diocesibus et locis, in quibus eorum proles

의교서 「성직자의 정결로」는 이 문제를 직접 다루지 않았지만, 동방교회를 위한 심의회에서는 앞선 교령에 포함된 '독신에 관한 규범 준수'를 견지했다.

「성직자의 정결로」 이후에 1977년 문제가 다시 제기되었다. 슬리피Slipyj 추기경에게 보낸 바오로 6세의 자필 서한에는 규범이 다시 언급되었으며, 1977년 10월 31일 마시모스 5세 하킴 총대주교에게 보낸 다른 서한에서도 언급했다. 1980년 그리스 정교회 측의 또 다른 시도에서도 금지에 관해 전임 교황들이 표명한 교회의 생각을 재차 확인하는 교황 서한으로 확인해 주었다. 효력 중인 법률, 1990년 공포한 동방교회법전은 개별법과 교황청의 특별 규범에 관한 준수를 부과하면서 동방교회법 제758조 3항에서 간접적으로 다루었다.

곧 교황청에서 금지하는 한 기혼 사제는 자기(자치 교회) 지역이나 교황청이 인가한 지정 장소에서만 활동해야 한

---

forte degat aut quocumque modo inveniatur, pariterque si in viciniis eorundem locorum.) AAS 22(1930), p.103.

다는 것이다.

2010년 10월 "중동의 가톨릭교회, 친교와 증거"라는 주제로 모인 주교대의원회의 특별총회를 보고할 때, 교황에게 제안한 안건 가운데는 총대교구 지역 밖에서 기혼 사제를 가지는 동방교회에 대한 원조를 넣었다.[29]

5) 사법 통치[30]

동방교회법전은 사법적으로 자립할 수 있는 가능성, 총대교구 교회 법원을 통해 재판의 모든 심급에서 모든 소송을 판결할 수 있는 권한을 자치 총대교구와 관구 대교구에 위임하고(동방교회법 제1063조 참조) 다른 자치 교회가 3심과 최종심 법원으로 사도좌를 가지는 것과 달리 사도

---

[29] "교회의 독신은 가톨릭교회 어디에서나 서방과 마찬가지로 동방에서 늘 존중하여 고려되었습니다. 하지만 신자들이 가는 곳은 어디나 우리 신자들을 위한 사목적 봉사를 보장하고, 동방의 전통을 존중하기 위해서는 총대교구 지역 밖에서 기혼 사제를 가질 수 있는 가능성에 대해 연구하길 희망합니다."(안건 23)

[30] 이 부분에 대해서는 다음을 참조하라. Cf. Alwan Hanna, *"L'evoluzione storico-giuridica della competenza della Rota Romana circa le cause delle Chiese Orientali"*, in Quaderni dello Studio Rotale, 20(2010), pp.153-187. 이 원고는 인터넷 판에도 실렸다. *"Il Tribunale Apostolico della Rota Romana et il Codex Canonum Ecclesiarum Orientalium"*, in Iura Orientalia, VI(2010), pp.12-47, Cf. http://www.iuraorientalia.net/.

좌 법원에 상소하지 않는 권리(동방교회법 제1065조 참조),
총대교구와 관구 대교구에 좀 더 자율성과 완전성을 부여
하고자 법원들의 사법체계를 재조직했다.(동방교회법 제
1065조 참조)

총대교구 교회의 법원 관할은 사도좌 법원의 관할, 로
타 로마나의 관할을 배제하지 않는다.[31] 사법구조를 완성
하기 위해 동방교회법전은 1심과 3명의 주교 합의제 법원
을 포함한 사법 관할의 생성을 총대교구 교회들의 주교대
의원회의에 돌려주었다.(동방교회법 제1062조 참조) 주교대
의원회의 법원에 되돌려 준 관할은 전에는 사도좌 법원과
총대교구 교회의 '상임회의Sinodo permanente'[32]가 공유
했다.[33] 동방교회법전은 집행권 하나만을 상임회의에 부

---

31) Funghini Raffaelo, *La competenza della Rota Romana*, in Le norme del Tribunale della Rota Romana, Studi Giuridici, XLII, Città del Vaticano 1997, pp.151-164.
32) 동방교회법 제114조 1항에 의한 총대교구청 조직의 하나다. 총대주교와 5년 임기로 임명된 4명의 주교로 구성된다.(동방교회법 제115조 1항) 4명의 주교 가운데 3명은 총대교구 교회의 주교대의원회의에서 선출되며, 1명은 총대주교에 의해 임명된다.(동방교회법 제115조 2-4항)
33) 비오 12세, 자의교서 「우리의 걱정*Sollicitudinem nostram*」, 17-18항. Cf. commento ai cann. 1062-1065 in AA.VV., *Commento al Codice dei Canoni delle Chiese Orientali*. Corpus Iuris Canonici II, a cura di Pinto Pio Vito, Libreria Editrice Vaticana, Città del Vaticano 2001, pp.884-889.

여하고 사법권은 상임회의에 허용하지 않았다.(동방교회법 제115-121조 참조) 늘 자치 교회들, 특히 총대교구와 관구 대교구 교회들의 사법적 자치원칙에서 출발하여 전 주교대의원회의에 모든 교회의 행정 대법원을 만들도록 했는데(동방교회법 제1006조 참조) 사법 통치의 총 조정자 Moderator generale[34]가 사도좌 대법원의 전통 관할을 맡는다.[35]

---

34) 동방교회법 제1062조 5항 참조. '총 조정자Moderator generale'는 라틴교회의 사도좌 대심원장과 같은 직분이다. 사도좌 대법원을 우리나라에서는 일본어식 번역을 따라 '사도좌 대심원'이라고 옮기는데, 대심원이라는 명칭은 일본의 사법체계의 명칭을 따온 것이다.
35) 교회법 제1445조 참조. 요한 바오로 2세, 1988년 6월 28일 교황령「착한 목자 Pastor Bonus」: AAS 80(1988), pp.841-930; 121-125항 참조.

2

동방교회의 사명

동방교회의 사명은 공간과 시간이라는 특정한 조건에서 수많은 고유하고 독특한 사회 문화적·역사적·인간적 종교와 정치적 상황에서 살았던 그리스도 교회의 사명과 일치한다. 본질적으로 주님 안에서 자신의 신앙을 살고 생활의 증거와 말씀의 선포를 통해 복음을 전하는 것과 관계된다.

"그리스도인의 삶의 증거는 사명의 으뜸이자 그 무엇으로도 대체할 수 없는 것이다. 그렇기 때문에 우리가 그 사명을 이어가는 것은 그리스도께서 탁월한 '증인'이시며(묵

시 1,5; 3,14 참조) 그리스도교 증인의 모범이다."[36]

그리스도 교회의 사명은 세상의 복음화를 위하여 사도들과 교회에 위임하신 주 예수님의 사명을 계속하는 것이다. "우리는 모든 인류에게 복음을 전하는 것이 교회 본연의 사명임을 재확인하고자 한다. 광범위하고 깊은 변화를 겪고 있는 현대 사회에서 복음화의 임무와 사명은 한층 더 절실하다. 복음화는 교회의 고유한 은총이고 소명이며 교회의 깊은 본성이다."(「현대의 복음 선교」 14항 : AAS 58(1976), pp.5-76, n. 14) 동방교회는 자신들의 특별한 필요와 전통, 문화에 따라 특히 전통적이거나 새로운 자신들의 환경에서 복음을 살게 되었다.

중동 역사상 엄청난 위기의 상황이었던 '아랍의 봄'은 제도로 인한 난관과 정치적 혼란을 겪게 하였으며 중동의 모든 지역이 같은 혼란을 겪었다.

---

36) 요한 바오로 2세, 1990년 12월 7일 회칙 「교회의 선교사명」 42항: AAS 83(1991), pp.249-340.

베네딕토 16세는 사목적 배려 차원에서 환경과 보편교회의 중심에서 중동의 특별한 사명을 재발견하고 재개하기 위해 중동 지역의 그리스도인들의 문제를 재고할 급박함을 느꼈다. 베네딕토 16세는 편견 없는 견해로 중동을 위한 주교대의원회의 특별총회를 소집하여 두 가지 안건을 내놓았다.

두 가지 안건은 다음과 같다. "먼저 하느님의 말씀과 성사를 통해 그리스도인을 자신들의 독자성으로 더 공고하게 강화하고, 다음으로 참되고 기쁘고 매혹적 그리스도인의 삶의 증거를 제공할 수 있도록 자치 교회들 사이에서 교회의 친교를 선도하는 것이다."(중동을 위한 주교대의원회의 특별총회, 「노동의 도구 *Instrumentum laboris*」 3항) 동방 그리스도인들의 본질적 사명은 그들의 특별한 독자성을 의식하고 사람들과 친교를 나누며 자신들의 정체성을 찾는 데 있다. 이에 대해 교황은 시노드의 주제로 "중동에서의 가톨릭교회, 친교와 증거, '많은 사람이 한마음 한뜻이 되어 믿게 되었음'"(사도 4,32 참조)을 선택하고 선포했다.

두 명의 추기경이 친교와 증거라는 동방교회의 사명을

요약했다. 이 사명은 중동의 동방 그리스도인들만을 의미하는 것이 아니라 비슷한 조건에 처한 다른 모든 동방 가톨릭교회 그리스도인을 포함한다. 따라서 가톨릭이 아닌 동방교회와 공동의 유산에서 기원하거나, 그리스도교가 우세하지 않은 세계나 전체주의 정부 형태가 시행 중인 민주화가 덜 된 나라도 포함한다.

오늘날 모든 사람은 증거와 친교라는 도구를 통해 그들의 사명을 완수하도록 부름 받았다.

동방의 그리스도인들을 위한 4가지 특별한 사명은 공의회 문헌과 교황의 사도적 권고에서 나온다. 첫째는 고유한 독자성과 특별한 유산으로 그것이 전 교회를 위해 귀중한 유산으로 특징되는 모든 것과 더불어 자치 교회의 자기보존과 보호이고, 둘째는 동방 그리스도인들과 일치하고 보편교회와 친교를 증거하며, 셋째는 일치 차원에서 그들과 비슷한 가톨릭이 아닌 동방 그리스도인들과 친교로 자신들의 신앙을 증거하며, 넷째는 역사적·사회적·정치적·종교적으로 자신이 사는 곳에서 복음화 방법으로 믿지 않는 이들에게 증거하고 대화하는 것이다.

1. 스스로 자신의 유산에 대한 자기보존과 보호

동방교회에 요구된 자기보존에 대한 절박한 필요성의 동기는 제2차 바티칸공의회의 교부들에 의해 매우 인상적인 말로 선포되었다.

"동방교회들의 제도, 전례 예법, 교회 전통, 그리스도교 생활 규범 등을 가톨릭교회는 존중한다. 존경스러운 그 오랜 교회에서는 사도들로부터 교부들을 통하여 내려온 전통이 빛나고 있다. 그 전통은 하느님께서 계시하신 가를 수 없는 보편교회의 유산의 일부를 이루고 있다. 그러므로 이 전통의 살아 있는 증인들인 동방교회에 관심을 가진 이 거룩한 세계 공의회는 그 교회들이 번영하여 새로운 사도적 활력으로 맡겨진 임무를 완수하기를 바란다."(「동방 가톨릭교회들에 관한 교령」 1항)

1) 두 가지 잘못된 현상

동방 가톨릭교회 역사에서 자신들의 정체성과 관련된

독특한 특징이 사라진 것과 자신들의 고유한 유산의 손상 등에서 찾아볼 수 있는 두 가지 중요한 현상을 발견할 수 있다.

그것은 이주 국가에서 라틴화되어 가는 현상과 라틴교회로 결합되는 현상에서 더 분명하게 볼 수 있다.

첫 번째 라틴화 현상은 초창기 라틴교회와 일치한 동방교회에 나타난 광경이었다. '라틴화latinizzazione'란 용어는 일치에 부합된다는 요구 아래 일치한 교회의 실천과 교회 생활에서 라틴 전례와 전통과 관습, 기도와 규율이 삽입되는 부담을 의미한다. 다행히 이런 현상은 동방교회를 위한 심의회(동방교회성)의 설립으로 점점 끝나가며, 결정적으로 제2차 바티칸공의회에 의해 단절되었다. 동방가톨릭교회는 개별법과 고유 전례법을 통해, 그들과 관련 없는 라틴교회의 요소에서 기인하는 전례와 전통과 규율의 정화 작업을 계속하고 있다.

두 번째 현상은 19세기 중반 서유럽은 말할 것도 없고

신생국가인 미국과 호주에서 정치 사회적 동기에서 이민을 받아들임으로써 동방교회 신자들의 이민이 파도처럼 나타난 것이다. 같은 나라 안에서나 다른 먼 나라로 이주가 계속됨으로써 문화와 관련된 차원은 물론이고 사목적이고 교회적으로 각 종교와 전례의 영속성 측면이 심각하게 왜곡되었다.

이 현상 안에서 동방교회 신자들은 자신들의 자치 교회의 태생적 환경에서 멀어진 모습을 어렵지 않게 볼 수 있었다.

신세계에서 자신의 교계제도를 갖추지 못한 동방 가톨릭교회 신자들은 일부 경우 이미 제도적으로 자리 잡은 라틴교회 주교들에게 공식적으로 맡겨지기도 했다. 또 다른 경우는 영적 필요나 교회가 필요함에 따라 동방교회 신자들은 성사를 받고 그들의 가톨릭신앙을 살기 위해 자발적으로 라틴교회를 다녔다.

이런 방식으로 동방 가톨릭교회 신자들이 라틴교회에 통합되고 결합되는 심각한 현상이 시작되었는데, 이로 인해 그들의 정체성과 유산, 전통과 전례가 소멸하거나 동방교회 자체가 없어지게 되는 원인이 되었다.

2) 교회의 올바른 응답

제2차 바티칸공의회 교부들의 배려로 이런 유해 현상이 자세히 설명되면서 신속한 해결책으로 유해 현상을 반대하고, 보편교회의 이 같은 보화를 보호하기 위한 차원에서 규범과 법률의 도입을 촉구했다. 특히 이 같은 현상의 심각성을 의식한 교회는 이 문제를 소홀히 할 수 없었다. 이미 제2차 바티칸공의회 이전에 교황들은 멈추지 않고 국외 거주자들이 늘어남에 따라 동방 이민자들의 사목적 봉사를 배려하는 동시에 헤아릴 수 없는 문화적 보화와 동방교회의 유산을 스스로 주장하고 보호하기 위한 일련의 계획에 착수하기 시작했다. 물론 국외 거주는 본인들의 선택에 기인하는 것이지만, 원출신지와 다른 환경에서 동방교회의 유산이 사라질 위험에 처할 수 있다.

그 같은 계획은 레오 13세와 더불어 시작되었는데, 그는 전 교회에서 동방의 전통을 보호하기 위해 교황교서 「동방교회의 존엄성」과 「명백한 감사의 증거들*Praeclara Gratulationis Publicae Testimonia*」 l.c., pp.195-214), 「그리스도의 이름*Christi nomen*」 l.c., pp.405-409)이라는 회칙을 선포하였다.

1917년에는 동방교회를 위한 심의성성을 설립[1917년 5월 1일 자의교서 「하느님의 섭리로*Dei providentis*」: AAS 9(1917), pp.529-531]하였다. 또한 같은 해 10월 15일에는 자의교서 「동방의 가톨릭 신자들*Orientis Catholici*」(l.c., pp.531-533)에 언급된 대로 교황청 동방대학을 설립하였다.

요한 23세는 1960년 6월 5일 자의교서 「하느님의 드높으신 뜻*Superno Dei nutu*」(AAS 52, pp.435-436) 등에 언급한 그리스도인 일치 증진 사무국을 설립하였다.

제2차 바티칸공의회에서는 동방교회의 상황을 재조사하여 「동방 가톨릭교회들에 관한 교령」에 수반하는 규범을 제정했다.

1983년 라틴교회를 위한 교회법전과 1990년 동방교회법전

반포를 기다리는 동안 공의회 이후의 여러 문서가 공표되었는데, 다양한 부속 문서와 함께 모든 분야가 규정되었다.

예를 들어, 2004년 교황청 이주사목평의회는 「이민자들을 향한 그리스도의 사랑*Erga migrantes Caritas Christi*」이라는 훈령을 발표하였다. 이 훈령에서는 바오로 6세의 「이민자들에 대한 사목적 배려*Pastoralis migratorum cura*」와 주교심의회의 훈령 「이민자들에 대한 사목적 배려에 대하여*De pastorali migratorum cura*」에서 규정한 이민자 사목에 대한 부분을 쇄신하였다. 그리하여 교회법전과 동방교회법전, 훈령 「이민자들을 향한 그리스도의 사랑」 등이 주요 법률 문서로 규정되었다.

3) 가치를 준수해야 할 근본 원칙

사목적인 것을 돌보는 모든 주교는 자기 지역에 주소 또는 준주소를 가지고 있으나 자신들의 교회가 없는 다른 자치 교회 신자들에 대해 자신의 교구(에파르키아)에서 지원해야 한다. 이 주제에 대한 사건 개요와 조사에 들어

가기에 앞서 이 문제가 제시한 양도할 수 없는 권리와 의무에 연결된 주요 원칙을 조명하고자 한다.

동방교회 신자들은 그들이 어디에 거주하든지 교회의 주소를 얻은 곳에서, 안정적으로 거주하는 곳에 있는 자기 교회의 교계를 도외시하지 않으면서 동방교회법과 자기가 속한 자치 교회의 고유법을 준수할 의무가 있다.(동방교회법 제1조와 40조; 교회법 제1조; 「동방 가톨릭교회들에 관한 교령」 6항)

동방교회 신자들은 "자신이 속한 자치 교회의 고유한 예식의 규정대로 하느님께 경배를 실천하고, 교회의 가르침에 맞는 영성 생활의 고유한 형식을 따를 의무와 권리가 있다."(동방교회법 제17조; 교회법 제214조)

동방교회 신자들은 "자기 전례의 자각과 존중을 소중히 할 의무가 있으며, 모든 곳에서 그것을 준수해야 할 의무가 있다. 단 법으로 제외되지 않는 것이라면 그렇지 않다."(동방교회법 제40조 3항)

자기 지역에서(동방이나 라틴) 관할권자, 특히 주교는

자기 지역에 예속되지 않고 다른 자치 교회와 관계한 신자들이 거주하면, 그들에게 적당한 수단을 제공할 막중한 책임이 있다. 이 수단들이 교회 안에서 신자들의 의무를 이행하고 권리를 얻을 수 있게 하기 때문이다.[37]

"비록 다른 자치 교회 주교나 본당 사목구에 맡겨져 있더라도, 동방교회 신자들은 자신의 자치 교회에 속한다." (동방교회법 제38조) "어떤 자율 예법의 교회의 예식에 따라 성사를 받아 온 관습은 비록 장기간이라도 그 교회에 등록을 수반하지 아니한다."(교회법 제112조 2항)

교회법전 개정 작업에는 교회법 제112조에 모든 다른 교회의 변경은 같은(자기가 속한) 교회의 지역 주교나 자신의 본당 사목구 주임, 또는 한 명이나 두 명의 증인과 위임받은 사제 앞에서 선언하는 순간 유효하다고 제정하는 조항이 추가될 것으로 예견된다. 다만 사도좌의 답서가

---

[37] "비록 예법이 다르더라도 참 교부들의 동방 예법의 신자들을 위해 사목적 배려로 그들을 보호하는 것은 지역 주교의 의무다. 특별한 종교적·문화적 가치에 대한 보호는 그 안에서 (초기 그리스도교가) 탄생하였고 그것을 초기 그리스도교 형성에 받아들였기 때문이다."요한 바오로 2세, 2003년 10월 16일 교황 권고 「양떼의 목자들*Pastores gregis*」: AAS 96(2004), pp.859-860, 동방교회법 제193조 1항; 교회법 제383조 1-2항; 교황교서 「동방의 빛」 26항 참조.

달리 말하지 않거나 세례대장에 변경이 기재되었다면 그렇지 않다. 세례대장에 변경 기재는 관련 교회법 제535조에도 추가된다. 교회법전 수정 작업은 교회법 제868조 적법성을 위한 관련 조건과 더불어 가톨릭이 아닌 그리스도인에게 세례성사의 집전 허가도 포함한다.

총대주교들과 관구장 대주교들은 사도좌가 승인한 '방문 감독관visitatore'을 파견하여 적절한 설문조사를 통하여 자기 지역 밖에 거주하는 자기 예법의 신자들에 대해 감독할 권리와 의무가 있다. 주교대의원회에서 논의된 사항은 이 교회의 수장들이 "어디서나 그가 주관하는 교회 신자들의 영적 선익의 보호와 증대를 제공하기 위하여 본당과 성직자치단 또는 교구 설립을 통하여 적절한 방법을 사도좌에" 요구할 수 있다.(동방교회법 제148조)

4) 수반되는 법률적 관례

① 주소와 준주소

교회 구역의 지역에 거주하는 가톨릭 신자들은 체류 방법과 법 규정에 따라 교회법적 주소와 준주소를 가진다.(교회법 제100-107조; 동방교회법 제911-917조 참조) 이 사람들이 지역 주교와 같은 자치 교회 신자들이라면 법규에 따라 온전히 새 신자가 된다. 그러나 다른 자치 교회 가운데 하나이며 그들이 거주하는 지역에 자신이 속한 교계가 없는 신자들이라면, 법률적으로 그 지역의 주교Gerarca에게 통상적으로 맡겨진 신자가 되고 지역 주교가 그들의 교회 직권자가 되며, 자신이 속한 자치 교회가 아니더라도 교회 구역에 주소와 준주소를 가진다.(동방교회법 제192조 1항; 교회법 제383조 1항 참조)

② 여러 교회 주교(직권자)의 임명

교회법 규범은 자신의 지역에 거주하는 서로 다른 예법의 자치 교회 신자들의 사목적 배려를 맡은 주교에 대해 말한다. 신세계를 향한 이주 상황에서 초기 동방교회 신자들은 아직까지 자신들의 구역과 동방교회 교계를 설립하지 못했기에 모든 동방교회 신자는 통상적으로 '관례'

(관례는 1955년 5월 30일 동방교회를 위한 심의회에서 보낸 서한에 명시)에 따라 지역의 라틴 주교에게 맡겨졌다. 하지만 일부 이주 국가에서는 예법이 다른 자치 교회 교구나 성직자치단을 설립해 종종 나라 전체를 포함하는 구역을 맡아 자신의 교계가 없는 동방교회 신자 단체를 위한 주교를 임명해 같은 지역에 다른 예법이라 하더라도 동방교계가 있기 때문에 더 이상 지역의 라틴 주교에게 맡겨지지 않을 수 있었다. 이 문제는 1957년 자의교서 「성직자의 정결로」 제22조 3항과 제260조 1항 2호에 의해 규정되었으며, 이후에 동방교회법 제916조 5항에 의해 재차 확인되었고 현재 발효 중이다.

인용한 문헌의 조문에 따라 여러 예법 교회의 지역에 여러 예법의 주교좌가 있다면, 사도좌는 주교로 그들 가운데 한 명을 임명한다. 단 사도좌의 동의와 함께 임명하는 것은 총대주교 소관이므로 총대교구 교회 신자들은 예외로 한다. 합법적으로 임명된 지역의 주교는 신자들에 대한 모든 법률적 효력을 지닌 유일한 주교가 된다. 자치 교회 신자들을 위해 합법적으로 임명된 주교는 신자들이 그 지역에 있는 다른 예법의 어떤 동방 가톨릭교회를 다니는 것도 금지하지 않지만, 그렇다고 이들이 다니는 교회 직권자의 신자가 되는 것은 아니며, 동방교회법 제916조 5항 규범에 따라 오히려 그들 가운데 합법적으로 임명된 주교의 신자로 남는다.

종종 일어나는 바와 같이 나라 전체를 포괄하는 자치 교회의 동방 교구가 설립될 경우, 그 교회 신자들은 그 지역의 주교인 교구장 주교의 신자가 된다. 의심할 여지없이 지역의 다른 (예법) 직권자들의 의견을 들은 뒤에 주교는 온 나라에 자신의 동방교회 신자들을 위한 교구를 조직할 수 있으며, 본당과 전교시설을 설립할 수 있다. 아울러 자신이 속한 교회 사목자가 없는 공동체는 직권자(주교)의 동의로 임명된 다른 (예법) 교회의 사제에게 맡길 수 있다.(동방교회법 제916조 4항)

한 번 설립된 동방교회 교구(에파르키아)의 모든 법률 행위는 유효성을 위해 지역 주교의 개입을 요구하며, 그

교회가 설립된 날부터 주교가 수행해야 한다. 새 교구 신자들을 담당하는 주교는 이전의 관례로 전개한 행위는 더 이상 유효하지 않게 될 것이다. 자치 교회 지역 밖에 설립된 교구(에파르키아)의 주교들은 건의 투표권만을 가진 형태로 주교회의에 초대될 수 있다. 다만 주교회의 정관이 달리 규정하면 그렇지 않다.(교회법 제450조 1항 참조)

③ 지역 교구장 주교Vescovo eparchiale가 예법이 다른 교회 신자들의 사목을 돌본다

다른 (예법의) 자치 교회 신자들을 맡은 그 지역 직권자(주교)는 교회법 제383조 2항, 동방교회법 제193조 2항 규정과 '제2차 바티칸공의회의 가르침'[38])에 따라 같은 예법의 사제나 본당 사목구를 통해서나, 또는 적절한 권한을 갖추고 되도록 주교 인호를 지닌 교구장 대리(라틴교회 Vicario episcoplae, 동방교회Sincello)를 통하여 다른 예법 신

---

38) "서로 다른 예법의 신자들이 있는 곳에서는 교구장 주교가 그들의 영신 사정을 돌보아 주어야 한다. 그 예법의 사제들이나 본당 사목구를 통하여, 또는 적절한 권한을 갖추고 되도록 주교 인호를 지닌 주교 대리를 통하여, 또는 교구장 주교 자신이 여러 예법들의 직권자 임무를 이행하여 그 신자들을 돌보아야 한다."(「주교 교령Christus Dominus」 23항 3조)

자들의 영적 필요를 배려할 막중한 의무가 있다.[39] 나아가 그것이 때맞춰 적절하게 드러나면, 법 규범에 따라 (다른 예법의 자치 교회 신자들의) 영혼의 사목을 위한 전교 시설이나 속인적 본당 사목구parrocchia personale를 설립할 수 있다.(교회법 제518조; 동방교회법 제280조; 「이민자들을 향한 그리스도의 사랑」 91항 참조)

동방교회법 제193조 3항은 같은 (예법) 교회의 사제를 청하거나, 지역 직권자가 선택하여 임명한 사제의 통지를 위해 신자들의 총대주교와 연락하여 자기 교구(에파르키아)의 동방 신자들을 위한 사제를 위촉하도록 지역 직권자(주교)에게 권고한다. 나아가 동방교회를 위한 심의회의 관할이거나 총대주교 부재 시 사도좌에 이관해야 할 경우, 사도좌에 통지해야 한다.[40] 이 점에 관해 훈령 「이민자들을 향한 그리스도의 사랑*Erga migrantes Caritas Christi*」

---

39) 2004년 5월 3일 교황청 이주사목평의회 훈령 「이민자들을 향한 그리스도의 사랑」 53항; 「주교 교령」 23항 참조.
40) "비록 교회법전에 이 사항에 관한 명시적 규정이 부재하나, 유추에 의하여 라틴교회 교구장 주교들에게도 유효할 것이다."(「이민자들을 향한 그리스도의 사랑」 55항)

이 명확하게 규정한다. 다른 예법의 동방교회 신자들을 돌보아야 하는 주교는 "속인적 본당 사목구의 설립, 보좌나 본당 사목구 주임사제 또는 교구장 대리를 임명하기에 앞서 동방교회를 위한 심의회나 각자의 교계, 특히 총대주교와 대화를 하는 것이"(「이민자들을 향한 그리스도의 사랑」 55항) 바람직하다.

요한 바오로 2세는 동방 신자들을 돌보는 라틴교회 직권자들에게 권고한다. **"만일 서방에 동방 가톨릭교회 신자들을 돌볼 동방 사제들이 없다면, 라틴교회 직권자들과 그들의 협조자들은 동방 신자들 안에서 자신의 전통에 대한 양심과 의식이 성장하도록 일해야 하며, 사실상 그들은 그리스도교 공동체의 성장에 그들의 특별한 기여로 협조하도록 부르심 받았다."**(교황교서 「동방의 빛」 26항)

따라서 자기 교구(지역) 내에서 다른 예법의 신자들을 사목적으로 돌보는 주교는 동방교회 신자들의 상태와 필요에 관하여 사도좌에 5년마다 보고서를 제출해야 한다.(동방교회법 제207조; 교회법 제399조 참조)

④ 영혼의 사목을 위한 전교시설과 속인적 본당 사목구

교회법전과 마찬가지로 동방교회법전은 교구장 주교의 판단에 적합하다고 여기면 예법에 기초한 속인적 본당 사목구의 설립을 규정한다.(동방교회법 제280조 1항; 교회법 제518조;「이민자들을 향한 그리스도의 사랑」91항 참조) 예법에 기초하거나 자치 교회의 신자들을 위한 속인적 본당 사목구 설립은 그 본당 사목구 신자들을 합법적으로 위임 받은 주교가 행해야 한다. 특히 자신의 환경이 아닌 이민자들과 다른 예법의 신자들을 위한 사목 구조의 역동성에 있어서, 훈령「이민자들을 향한 그리스도의 사랑」은 속인적 본당 사목구 설립을 위한 몇몇 규정을 제정하면서(「이민자들을 향한 그리스도의 사랑」24; 54; 91항) 공동체를 위한 형태로 이 같은 최종 모습에 모든 필요조건이 본당 차원에 도달하는 것이 일차적 형성의 길이다. 그러나 교회법 제516조에 간접적으로 예견된 '영혼의 사목을 위한 전교시설' 설립도 규정했다.

자신의 교구에서 다른 예법의 신자들을 돌보기 위해 임

명된 주교는 그 공동체의 수적 밀도를 고려해야 하며, 그 결과가 본당 성격의 봉사(말씀 선포, 교리, 전례, 부제직)를 제공해야 한다면, 사도좌와 그 공동체 총대주교의 자문을 들은 뒤에 같은 자치 교회의 사제로 예법을 위한 속인적 본당 사목구를 설립할 수 있다. 사제는 그 교구 성직자의 온전한 권리를 갖는 일원이 된다.

영혼의 사목을 위한 전교시설은 아직 속인적 본당 사목구로 설립되기 위한 모든 조건을 갖추지 못한 공동체이지만, 전교시설로 설립될 것이기 때문에 사목적 배려를 하기 위한 경당으로서 사제가 임명될 것이다. 속인적 본당 사목구처럼 경당은 가능한 자치 교회의 같은 예법의 사제로 선택해야 한다.(「이민자들을 향한 그리스도의 사랑」 55, 91항 제5조 2호 참조)

⑤ 사제는 (예법이) 다른 교회 신자들의 사목을 돌본다

(예법이) 다른 교회 신자들의 사목을 담당하는 성직자들은 같은 예법의 자치 교회 성직자로 선택하는 것이 바람직하다. 자기 교회 신자들에게 마음을 쓰기 위해 교구(에

파르키아)에 입적된 사제는 그 자체로 초청교구 사제단의 일원이 된다.(「이민자들을 향한 그리스도의 사랑」 55항 참조) 다른 (예법의) 자치 교회 신자들에 대해 전념해야 하는 사제는 무엇보다 자치 교회의 전례와 규율, 교리와 역사에 대한 지식과 실천을 가르쳐야 하며, 나아가 동방 그리스도인의 교부와 학자들의 영적 전통에 대한 이해를 심화시켜야 한다.[1989년 11월 10일 훈령 「우리 시대의 성찰 *Inspectis dierum nostrum*」: AAS 82(1990), pp.607-636] 주어진 주제의 중요성은 디아스포라에서 자신의 예법을 섬겨야 하는 동방 신자들의 권리와 관계하며, 동방 지역 밖의 라틴 국가로 이주하는 동방 신자들의 초기 파고에서 교황은 동방 전례의 독자성과 특수성을 가르치는 데 라틴 성직자를 초대하는 문제에 관여했다.(「동방교회의 존엄성」과 「동방의 빛」 23-26항 참조)

이 안건에 관하여 요한 바오로 2세는 자신의 교황교서 「동방의 빛」에서 "나라의 라틴교회 직권자들에게 일치의 협조와 동방 가톨릭교회 신자들, 특히 자신의 교계가 없는 사람들의 사목적 배려에 관해 사도좌에서 공표한 신자들의 '적용 원칙들'[「일치에 관한 원칙과 규범의 적용 지침*Directoire pour l'applcation des principes et des normes sur l'Oecumenisme*」: AAS 85(1993), pp.1096-1119]에 대한 주의 깊은 학습과 충분한 이해를 특별히 권고하면서"(「동방의 빛」 26항) 라틴교회 직권자들에게 분명한 호소를 한다.

(예법이) 다른 자치 교회 신자들을 위해 종사하도록 교구장 대리에 의해 임명된 사제는 그 신자들에 대해 보편법으로 총대리가 소관하는 동일한 직권을 가진다.(「주교교령」 27항; 교회법 제476조 참조)

⑥ 예법이 다른 교회 사목자들의 사목을 돕는 신자들

(예법이) 다른 자치 교회의 직권자나 주교의 영적 사목을 돕는 신자들은 이로 인해 그들을 맡고 있는 사목자나 주교의 교회 일원이 될 수 없으며, 오히려 그들이 속한 자치 교회의 고유 예법과 소속을 지켜야 한다.(동방교회법 제38조 참조) 사실 그들은 '사도좌의 동의 없이 예법을 바꾸는 것'이(동방교회법 제32조; 교회법 제112조 1항) 금지된다.

예법이 다른 교회의 사제가 집전한 세례는 세례자를 세례를 준 교회에 등록하는 것이 아니라 법 규정에 따라 부모의 교회에 등록될 것이다.(동방교회법 제29조; 교회법 제112조)

동방교회법 제678조 2항은 "그들이 거주하는 장소에 적지 않은 신자들이 그들이 속한 자치 교회의 본당 사목구 주임을 가지지 못하면, 교구장 주교는 가능한 세례를 집전할 같은 (예법) 교회의 성직자를 임명하여야 한다."고 규정한다.

자신이 속한 교회의 사목자나 교계가 없는 동방교회 신자 단체의 사목을 돌보기 위한 사제가 임명되지 않았다면, 그곳에서는 자신의 예법을 준수해야 할 권리와 의무가 없어진다. 그러므로 그들은 어느 곳의 자치 교회이든 그 전례에도 참여할 권리가 있으며, 전례서 규정에 따라 라틴교회에도 참여할 권리가 있다.(동방교회법 제403조 1항 참조)

교회법 제923조는 라틴교회 신자들에게도 어떤 가톨릭 예법으로든지 성찬 봉헌에 참례하고 성체를 영할 수 있다고 규정한다. 그리고 교회법 제991조는 합법적으로 인가된 동방 가톨릭교회 사제에게 고해성사를 받는 것을 승인한다.

⑦ 라틴교회에 등록된 자치 수도승회와 수도회의 동방 수도자들

동방교회법 제432조는 "사도좌의 동의로 다른 예법의 자치 교회나 라틴교회에 등록된 자치 수도승회나, 어떠한 자치 교회의 수도회, 수도원이나 관구는 이 교회(다른 예법의 자치 교회나 라틴교회)의 법을 준수해야 한다. 다만 같은 회의 내부 통치에 관한 정관 규정이나 사도좌가 수여한 은전이 예외로 하면 그렇지 않다."고 규정한다.

2. 보편교회의 일치와 친교의 증거

동방은 가톨릭교회의 자치 교회의 현존이라는 특권을 가지며, 가톨릭이 아닌 다른 교회들과 그리스도교의 유일신교가 아닌 타종교와 공생한다.

2010년 중동에서 열린 주교대의원회의 특별총회 폐막에서 베네딕토 16세는 대의원회의 이후 교황 권고 「중동에서의 교회」(2012년 11월 14일)를 통해 이 같은 다양성이 선교와 복음화에 장점이자 열린 마당이 된다는 점을 언급했다.

다른 종교 공동체에 편견과 반감을 바꾸게 하고, 자치 가톨릭교회의 현존이 그들 사이에 일치와 협동의 참 증거를 전달하지 못하고 모든 보편교회의 친교를 효과적으로 보여주지 못한다면[41] "오히려 가톨릭교회 내부에서 그리스도의 사랑의 증거를 제시하는 친교를 강화해야 한다."(「중동에서의 교회」11항)고 언급하고 있다.

총회 중심에 있는 중동의 동방 가톨릭교회 총대주교들은 동방에서 그리스도인으로 정체성을 갖는 데서 오는 도전을 의식하고, 자신들에게 달려 있는 특별한 사명을 특징지으며 전 신자를 향해 여러 사목 서한을 발행했다.

다양한 면으로 자신들의 교회 상황을 분석한 총대주교들은 그 같은 세상의 틈바구니에서 사명을 계속하고 부활하신 구세주 그리스도를 증거하는 데 적절한 방법을 상술했다. 이 같은 서한과 교황의 권고는 레바논과 중동, 아시아

---

41) "보편교회란 보편교회 안에 숨어 있는 개별 교회의 예비 현실이다.(1992년 5월 28일 「친교의 개념 *Comunionis Notio*」: AAS 851〈993〉, pp.843-844) 이 같은 진리는 가톨릭 교리와 특히 제2차 바티칸공의회(「교의헌장」23항)의 가르침을 충실하게 성찰한다. 교회 일치에 대한 교계 차원의 이해를 돕고 일치라는 관점으로 이어진 개별 교회의 풍부한 합법적 다양성을 허락하고, 그 안에 있는 특별한 선물이 교회의 보편성을 위한 진정한 풍요가 된다."(「중동에서의 교회」38항)

를 위한 주교대의원회의 특별총회에 즈음하여 공포되었다.

동방교회의 복음화 사명 완수에 필요한 것들을 요약해 보면 다음과 같다.

● 동방 그리스도인은 자신들의 다양성이 성령의 선물이자 주님 교회의 본질적 특성이라는 점을 확신해야 한다.

● 동방 그리스도인은 보편교회에서 그리스도의 신비체와 일치하고 있어 자신들의 환경에서 소수집단이 아니다.

● 동방에서 총대주교들과 동방 가톨릭 주교들의 모임은 일치와 협동의 사목적 도구 이상으로 복음과 주님 교회의 현존에 대한 참다운 증거다.[42]

● 가톨릭교회 간의 사목적 협동과 '연대'[43]는 칭찬할 만하며 용기를 북돋아 주고 강화시켜야 한다.

---

42) "더 이상 다름을 인정하기 위한 항구한 관심이 아니라, 다름을 존중하면서 일치를 강조하기 위한 계속된 관심"[요한 바오로 2세, 1997년 5월 10일 대의원회의 이후 교황 권고 「레바논을 위한 새로운 희망*Una nuova speranza per il Libano*」: AAS 89(1997), pp.313-416, n.9]

43) 요한 바오로 2세, 1999년 11월 6일 대의원회의 이후 교황 권고 「아시아에서 교회*Ecclesia in Asia*」: AAS 96(2000), pp.449-528, nn.25-26.

3. 일치 차원에서 증거

동방 가톨릭교회는 자매인 정교회와 같은 문화와 전례, 영성 유산, 역사와 전통, 기원을 공유한다. 이 시대에는 같은 운명, 특히 수적 소수집단이 된 국가에서 현대 세계의 도전에 직면하기 위해 함께 노력해야 한다.(「아시아에서 교회」 30항 참조) 이에 대해 가톨릭 총대주교들은 다음과 같이 경고한다. "동방에서 우리는 다 함께 그리스도교가 되거나 아니면 그렇지 못할 것이다. (함께하지 않으면 그리스도교가 되지 못할 것이다.) 우리 지역에서 교회의 관계가 항상 좋은 것만은 아니었으며, 여기에는 여러 가지 내외적 원인이 있었다. 그러나 이제는 그토록 고통스러웠던 과거의 상처에 대한 기억을 정화하고, 그리스도의 정신(영) 속에서 다 함께 그리스도의 복음과 사도들의 가르침의 빛을 따라 미래를 바라보아야 할 때다."(동방의 가톨릭 총대주교 회의, 사목교서 「동방에서 그리스도교의 현존」, 「증거와 사목 *Témoignage et mission*」 Pausqua 1992, n.39.)

복음화는 동방 가톨릭교회를 포함한 모든 교회의 공동

사명이다. 그들의 복음화가 효과를 내려면 동방의 모든 그리스도인은 서로 일치해야 하고 복음에 대한 공동의 증거를 할 수 있어야 한다.

"복음을 선포하는 사람들이 서로 분열되어 있다면 복음화의 힘은 상당히 줄어들 것입니다. 이것이 오늘날 복음화의 가장 큰 병폐 가운데 하나가 아니겠습니까? 우리가 선포하는 복음이 그리스도와 교회에 대한 그리스도인들의 서로 다른 견해 때문에, 심지어는 사회와 인간 제도에 대한 그들의 서로 다른 견해 때문에 교리 논쟁이나 극한적 이념 대립, 상호 비방으로 분열되어 있어 보인다면 우리의 설교를 듣는 사람들이 어찌 동요와 혼란을 느끼고 분개하지 않을 수 있겠습니까?"(「현대의 복음 선교」 77항)

그리스도 교회가 분열하는 것은 자신의 사명에 커다란 장애가 되고, 용서와 진실한 대화 없이 장애를 극복할 수 없다. "그러나 그러한 상황은 세상에서 자신의 사명과 나눌 수 없는 교회의 본성이라는 관점에서 추문이 될 수도 있지만 오히려 우리 시대에 은총의 기회가 될 수도 있다. 그것이 서로를 존중하고 교회 일치를 위해 헌신하며, 서로를 용서하는 표지가 되고 그들의 모든 신념과 힘을 끄집어내도록 그리스도인들을 독려할 수 있다."[요한 바오로 2세, 1997년 5월 10일 대의원회의 이후 교황 권고 「레바논을 위한 새로운 희망」: AAS 89(1997), 12항]

같은 역사와 유산, 정신은 동방 가톨릭교회와 정교회를 이어주고 서로의 고유한 풍요로움을 존중하면서 대화하고 일치를 향해 나아가게 한다.

동방의 총대주교들은 차이로 인해 만남과 협력에 제약을 발견하지 못한다. "우리를 단결시키는 힘이 우리를 대립하게 하는 힘보다 더 크고 더 강하다. 그 힘은 우리가 서로를 만나고 서로를 돕는 것을 막지 못한다. 서로간의 분열에도 동방의 그리스도교chrétienté는 기본적으로 불가분의 일치된 신앙심의 상징이다."(1991년 8월 19일에서 24일간 레바논에서 열린 제1회 동방 가톨릭 총대주교 심포지엄에서 발표한 담화문) 복음 선포를 신뢰하고 그리스도인의 증거를 강화하며 함께 협력해 나가야 한다.(「일치운동에 관한 교령」 1항; 「중동에서의 교회」 11항 참조) 공동 사명은 서로를 존중하고 용서하며, 이해와 진실한 대화라는 새로운 정신을 살며 "정교회와 가톨릭은 옛 교회와 사회 전통 의식을 일깨우고, 지난날 공동생활이 때때로 격정적 성격을 취했을지라도 그들은 그리스도의 형제애로 일치한다. 하지만 완전한 친교를 이루려면 진리 안에서 사랑으로 말하고 실속과 격식을 갖추어야 한다."(「레바논을 위한 새로운 희망」 12항)

4. 비신자들의 대화 차원의 증거

동방 그리스도인은 그리스도교가 아닌 유일신교나 옛 동방 종교들이 현존하거나 활동 중인 나라에서 살고 있으며, 동방 자치 교회는 그들과 더불어 같은 문화와 문명을 공유한다.[44]

---

44) "우리는 문명의 유일한 유산héritage에서 활력을 끌어낸다. 우리는 각자의 타고난 재능에 따라 그 유산을 형성하는 데 기여했다. 문명의 동류성이 우리의 역사적 유산이다. 우리가 공생하고convivialité 동포 간에 상부상조하는 방식으로 우리의 유산을 보호 발전시키고 다시 뿌리내리게 하고, 재활성화하기를 (다시 숨을 불어넣기를) 간절히 바라고 있다. 동방 그리스도교는 이슬람교도의 문화적 정체성과 일정 부분 불가분의 관계에 있다. 마찬가지로 동방의 이슬람교도 또한 그리스도교의 문화적 정체성과 일정 부분 불가분의 관계에 있다. 이런 사실에 기인하여 우리는 하느님과 (인류의) 역사 앞에서 서로가 서로

교회는 주님께서 맡겨주신 복음화를 증거하는 본질적 사명인 주님 말씀을 전하고 신앙을 증거하기 위해 부르심 받았다. "그리스도인의 증거, 선교의 일차적 모습은 교회의 근원적 소명이며, 예수 그리스도에게서 받은 권한을 충실하게 실천하는 것이다.[45] '예루살렘과 온 유다와 사마리아, 그리고 땅끝에 이르기까지 나의 증인이 될 것이다.'" (사도 1,8; 「중동에서의 교회」 66항)

다문화와 다종교 환경에서 종교 간 대화 사명은 교회 설교자의 증거를 완수한다. "교회의 보편적 성격과 소명은 타종교 구성원들과 대화를 요구한다."(「중동에서의 교회」 19항) 요한 바오로 2세는 말한다. "종교 간 대화는 교회의 복음화 사명의 일부입니다. 상호 인식과 상호 기여의 길이며 도구로 이해되는 대화는 만민 선교에 배치되지 않습니다. 실제로 대화는 선교와 특별한 연관이 있고 선교의 한 표현입니다. 사실 이 선교는 그리스도와 그분의 복음

에게 책임을 지고 있다."(1991년 8월 19일- 24일간 레바논에서 열린 제1회 동방 가톨릭 총대주교 심포지엄에서 발표한 담화문)

[45] "그리스도교 신앙 전파는 교회를 위한 본질적 사명 가운데 하나다. 오늘날 현대 세계의 도전에 잘 응답하기 위하여 나는 새로운 복음화에 교회 신자들을 함께 초대했다."(「중동에서의 교회」 85항)

을 모르거나 대체로 다른 종교에 속한 사람들을 대상으로 합니다."(「교회의 선교사명」 55항) 오히려 이런 대화는 신학적 토대에 기초하여 신앙을 요구하며(「중동에서의 교회」 19항 참조) 공의회 문헌에서 기인한다.(「교의헌장 16항」, 「비그리스도교와 교회의 관계에 대한 선언」 참조)

대화는 양도할 수 없는 인간의 권리인 종교 자유와 신념과 관용 사이에서 종교 간의 공생을 위한 타자의 본질적 가치를 존중해야 한다.

동방의 그리스도교 신자들은 자신의 민족과 타종교와 함께할 수 있는 공동의 다양한 요소, 문화·역사·시민적 요소를 지닌 사람들이며 이들은 자신들의 환경에서 공존에 적합한 요소를 지닌 사람들이라고 할 수 있다.

3

결론 : 현대 세계의 도전과 해결책

요한 바오로 2세는 교황교서 「동방의 빛」에서 현대 세계의 부자유, 실망과 고통에 절규하면서 교회 일치와 복음 선포에 대한 염려와 염원을 동방으로 돌린다. "내가 언급한 물음과 염원, 경험을 마음에 간직하면서, 나의 정신은 동방의 그리스도교 유산으로 향합니다. 나는 그것을 상술하거나 해석할 의도는 없습니다. 동방교회에 대해 듣게 되면서 나는 그들이 지켜온 살아 있는 전통 보화가 표현하는 것을 알게 되었습니다. 그것을 성찰하면서 내 눈에 그리스도인의 체험에 대한 더 온전하고 완전한 이해를 위한, 오늘날 남자와 여자의 기다림에 대한 더 완전한 그리스도인의 응답을 주기 위한 중대한 의미가 드러납니다. 여타의 문화와 비교해 동방의 그리스도교는 교회 탄생의 기원이라는 점에서 독보적이고 특권적 역할을 가집니다. 동방의 그리스도교는 사실 기원에서부터 자기 내부의 다양한 형태를 보여주며, 각 문화마다 독특한 특징을 개별 공동체에 대한 최상의 예우로 수용합니다. 감탄할 만한 다양성은 여러 가지로 구성되고 그토록 풍부한 혼합을 구성하는 모자이크를 허락하였기 때문에 우리는 깊은 감동으로 하느님께 감사하지 않을 수 없습니다."(5항)

영성과 재탄생의 원천, 그리스도교의 기원적 유산인 이 보화의 관리자인 동방교회는 서방과 동방 사이의 소통과 중재 역할을 하고 있으나 불행하게도 실존적 위험에 처해 있으며 자신의 사명을 효과적으로 수행하는 면에서도 위기에 처했다.

오늘날 동방교회는 커다란 도전에 직면하는 일상에 놓여 있으며, 이 도전 앞에 이들은 서방교회와 마찬가지로 개인적 연대와 전체적 연대가 요구된다. 그러나 무모하고 독자적인 행보는 오히려 그리스도의 몸을 찢는 분열을 초래하며 복음화에도 역효과를 가져온다.

그 예로 일부 국가에서 발생한 잔인한 박해에 대항하는 실존적 도전, 표현과 신앙의 자유가 없는 나라, 전체주의와 신정주의, 근본주의 정부 체제로 운영되는 국가에서 복음을 살고 증거하고자 하는 도전들이 왜곡되기도 하였다. 뿐만 아니라 대규모 이민으로 개별 교회 안에서 지녀왔던 아름답고 풍부한 종교유산이 퇴색되거나 왜곡되기도 하였다. 이는 동방교회만이 아니라 라틴교회도 예외는 아니다. 이처럼 사목적·규율적·조직적 차원에서 전례와 신학들이 여러 각도에서 도전받고 있다.

동방교회는 내부에서부터 다른 이들의 협력과 기여를 받아 영적이고 조직적으로 자신을 재건하도록 도전을 받고 있다. 동방교회는 자기보존을 확대시키고 대화를 통해 개방하라고 요청받고 있다. 이 요청을 수락하기 위해 동방교회는 좀 더 정돈되고 면밀한 계획으로 자신들의 상황을 재조직해야 할 것이다.

이주 현상으로 일어나는 혼돈과 왜곡을 바로잡기 위해 객관적으로 현실을 바라보고 실현가능한 계획을 세워 재조직해야 할 것이다.

동방교회는 이주 현상으로 혼란스러워진 종교생활을 바로잡기 위해 합법적인 기혼 사제들을 배제하지 않으면서도 총대교구 지역 밖의 공동체에서 사제성소를 일으킬 수 있도록 노력하여야 한다.

사목자들이 필요한 곳에는 교회법 규범에 따라 사제들을 초청하고 교구와 성직자치단을 설립해야 한다. 뿐만 아니라 가정 사목에 대한 계획을 세워 자녀 교육, 특히 부모가 다른 예법의 교회에 등록되었을 때는 자녀들의 종교교육에 더 마음을 쏟아야 한다.

자기 지역 밖에서 동방교회는 그들의 기원에 대한 전통을 충실히 간직하도록 신자들을 교육해야 한다. 모든 사람이 동방교회의 독자성과 사명을 알고 이해하게 된 것이다. 라틴교회 직권자들은 동방 그리스도교의 전례와 영성, 유산에 대한 이해와 존경을 보여주고 더 나은 공동 사목을 위해 주교회의에 속한 동방 주교들과 함께 실질적 협력을 시도하고 실현해야 한다.

라틴교회 직권자들은 보편법 규범과 개별법 규정에 따라 예법과 동방교회의 영혼의 사목을 위한 공동체 설립과 조직, 선교를 도와야 한다.

이 모든 것에 덧붙여 오늘날 신앙의 공동위기는 세계 교회 안에서 걱정이 아닐 수 없다. "오늘날 교회는 첫 만민 선교나 이미 그리스도의 복음을 들은 민족들의 재복음화를 위하여 새로운 경계로 나아가면서 또 다른 도전을 받고 있습니다. 오늘날 모든 그리스도인과 개별 교회와 보편교회는 과거의 선교사들을 고무시켰던, 같은 용기와 성령의 소리에 귀 기울이려는 자세를 가져야 합니다."(「교회의 선교사명」 30항)

한나 알안Hanna Alwan
마로니타 교회 사법 총괄 주교